# 华夏瑰宝展
# ÇİN HAZİNELERİ SERGİSİ
# TREASURES OF CHINA

# ÇİN
## HAZİNELERİ SERGİSİ
## TREASURES OF CHINA

Çin Tarihi Eserler İletişim Merkezi tarafından hazırlanmıştır
Edited by Art Exhibitions China

Tarihi Eserler Yayınevi
Cultural Relics Press

# 华夏瑰宝展

中国文物交流中心 编

文物出版社

# 华夏瑰宝展

**主办单位**　中华人民共和国文化部
　　　　　　中华人民共和国国家文物局
　　　　　　中华人民共和国驻土耳其共和国大使馆
　　　　　　土耳其共和国文化旅游部

**承办单位**　中国文物交流中心
　　　　　　土耳其共和国文化旅游部文化遗产及博物馆总司
　　　　　　伊斯坦布尔托普卡帕老皇宫博物馆

**参展单位**　故宫博物院　上海博物馆
　　　　　　陕西省文物交流中心　陕西历史博物馆
　　　　　　陕西省考古研究院　秦始皇帝陵博物院
　　　　　　汉阳陵博物馆　昭陵博物馆
　　　　　　西安博物院　西安市临潼区博物馆
　　　　　　咸阳博物馆　彬县文物旅游管理办公室


**展览时间**　2012年11月20日—2013年2月20日

**展览地点**　伊斯坦布尔托普卡帕老皇宫博物馆


**总　策　划**　励小捷

**展览统筹**　顾玉才　王军　姚安　王莉　张和清

**展览执行**　赵古山

**展览策划**　钱卫

**展览筹备**　盛夏　高霄旭　崔金泽　张正　杨森　徐立艺

**学术顾问**　杨泓　林梅村　冯小琦　昝涛

## ÇİN HAZİNELERİ SERGİSİ

**Düzenleyiciler:** Çin Halk Cumhuriyeti Kültür Bakanlığı
Çin Halk Cumhuyeti Devlet Tarihi Eserler Müdürlüğü
Çin Halk Cumhuriyeti Ankara Büyükelçiliği
Türkiye Cumhuriyeti Kültür ve Turizm Bakanlığı

**Uygulayıcılar:** Çin Tarihi Eserler İletişim Merkezi
Türkiye Cumhuriyeti Kültür ve Turizm Bakanlığı, Kültür Varlıkları ve Müzeler
Genel Müdürlüğü
Topkapı Sarayı Müzesi, İstanbul

**Katılımcılar:** Yasak Kent Müzesi, Shanghai Müzesi,
Shaanxi eyaleti Tarihi Eserler İletişim Merkezi, Shaanxi Tarih Müzesi,
Shaanxi Eyaleti Arkeoloji Enstitüsü, Qin shihuang Mezarlığı Müzesi,
Han Yangling Müzesi, Zhaoling Müzesi,
Xi'an Müzesi, Xi'an Kenti Lintong Bölgesi Müzesi,
Xianyang Müzesi, Bing İlçesi Tarihi Eserler ve Turizm Yönetim Ofisi

**Sergi Tarihi:** 2012.11.20-2013.2.20

**Sergi Yeri:** Topkapı Sarayı Müzesi, İstanbul

**Genel Planlama:** Li Xiaojie

**Sergi Koordinatörleri:** Gu Yucai, Wang Jun, Yao An, Wang Li and Zhang Heqing

**Sergi Uygulayıcısı:** Zhao Gushan

**Sergi Düzenleyicisi:** Qian Wei

**Sergi Hazırlayıcıları:** Sheng Xia, Gao Xiaoxu, Cui Jinze, Zhang Zheng, Yang Sen and Xu Liyi

**Akademik Danışmanlar:** Yang Hong, Lin Meicun, Feng Xiaoqi and Zan Tao

## TREASURES OF CHINA

**Hosted by:** Ministry of Culture of the People's Republic of China
State Administration of Cultural Heritage of the People's Republic of China
Embassy of the People's Republic of China In the Republic of Turkey
Ministry of Culture and Tourism of the Republic of Turkey

**Organized by:** Art Exhibitions China
Directorate General for Cultural Heritage and Museums of the Ministry of Culture
and Tourism of the Republic of Turkey
Topkapi Palace Museum, Istanbul

**Lenders:** The Palace Museum, Shanghai Museum
Shaanxi Cultural Heritage Promotion Center, Shaanxi History Museum
Shaanxi Province Institute of Archaeology, Emperor Qin Shihuang's Mausoleum Site Park
Hanyangling Museum, Zhaoling Museum
Xi'an Museum, Lintong Museum
Xianyang Museum, Cultural Relic and Tourism Management Office of Bin County

**Duration:** November 20, 2012 –February 20, 2013

**Venue:** Topkapi Palace Museum, Istanbul

**Chief Planner:** Li Xiaojie

**Exhibition Planners:** Gu Yucai, Wang Jun, Yao An, Wang Li, Zhang Heqing

**Exhibition Executive:** Zhao Gushan

**Curator:** QianWei

**Exhibition Preparation:** Sheng Xia, Gao Xiaoxu, Cui Jinze, Zhang Zheng, Yang Sen, Xu Liyi

**Academic Advisor:** Yang Hong, Lin Meicun, Feng Xiaoqi, Zan Tao

# C目 录
ICINDEKILER
ONTENTS

009/致 辞
**Mesaj**
**Address**

014/序 言
**Önsöz**
**Prologue**

016/第一单元　文明诞生
**Birinci Bölüm　Medeniyetin Doğuşu**
**Chapter I　The Birth of Civilization**
018/文明曙光
Medeniyetin İlk Işıkları
The Dawn of Civilization
028/青铜文化
Bronz Kültürü
The Bronze Culture

058/第二单元　天下一统
**İkinci Bölüm　Birlik**
**Chapter II　Unification**
060/秦的统一
Qin Hanedanlığı'nın Sağladığı Birlik
The Unification of China under the Qin Dynasty
081/汉宫风仪
Han Hanedanı Döneminde Çin'in İhtişamı
The Splendor of China during the Han Dynasty

100/第三单元　丝路繁盛
**Üçüncü Bölüm　İpek Yolu'nun Altın Çağı**
**Chapter III The Golden Age of the Silk Road**

102/丝路佛光
Budizm İpek Yolu'yla Yayılışı
The Spread of Buddhism via the Silk Road

118/乐舞升平
Barış ve Refah
Peace and Prosperity along the Silk Road

136/第四单元　王朝盛世
**Dördüncü Bölüm　Çin İmparatorluğu'nun Parlak Dönemi**
**Chapter Ⅳ The Prime Time of Imperial China**

138/陶瓷之路
Çin Porselenlerin Güzergâhı
The Route of Chinese Porcelains

162/宫廷艺术
Saray Sanatı
Royal Arts

184/结　语
**Sonsöz**
**Conclusion**

186/华夏瑰宝衔欧亚津梁
——由"华夏瑰宝展"看丝绸之路与中土交流　姚安
**Çin Hazineleri Asya-Avrupa'nın Buluşma Noktasında**
—"Çin Hazineleri Sergisi" üzerinden Çin-Türkiye Temasları　Yao An
**Chinese Treasures Link Asia and Europe**
— An Observation of China-Turkey Exchanges through the Exhibition
of Treasures of China by *Yao An*

207/秦兵马俑的艺术特色　　田静
**Toprak Askerlerin Sanatsal Özellikleri**　Tian Jing
**The Art Characteristics of the Terracotta Army** by *Tian Jing*

218/丝绸之路干道示意图
**İpek Yolu Güzergâhının Kroki Haritası**
**DIagram of maIn lIne of the SIlk Road**

220/中国历史年代简表
**Çin Tarihi Kronolojisi**
**A Brief Chinese Chronology**

中国与土耳其是分处亚洲东西两端的文明古国，两国人民的友好交往源远流长。为加深相互了解、深化传统友谊，2009年，中国国家主席胡锦涛与土耳其总统居尔达成了互办文化年的共识。2010年，中国国家总理温家宝访问土耳其，中土双方发表了《中华人民共和国和土耳其共和国关于建立和发展战略合作关系的联合声明》，提出要全力办好文化年活动。2010年，中国文化部蔡武部长与土耳其文化旅游部部长居纳伊签署了两国互办文化年的谅解备忘录。2011年12月，土耳其"中国文化年"在安卡拉隆重开幕，这是中国首次在土耳其举办的大型文化交流活动，为土耳其民众提供了近距离了解中国历史与文化、现状与未来的机会，是加强中土友好、增进文化交流的重要平台。

　　作为"中国文化年"的压轴大戏，此次"华夏瑰宝展"由土耳其文化旅游部、中国文化部、中国国家文物局及中国驻土耳其大使馆联合主办。经过两年的精心筹备与策划，展览汇集了来自中国多家博物馆的百余件精品文物，必将为土耳其人民献上一场美轮美奂的文物盛宴。

　　华夏文明在世界古代文明中占有重要地位，她在吸收、融合的过程中不断发展壮大，延绵不绝。展品中陕西秦始皇兵马俑等出土的精美文物，故宫博物院收藏的皇室珍宝，上海博物馆收藏的艺术珍品等，都淋漓尽致地展现了博大精深、开放包容的中华文明。

　　借此机会，我谨代表中国国家文物局，向为此次展览成功举办付出心血和努力的中、土两国专家学者和工作人员，致以诚挚的谢意。

　　2013年，"土耳其文化年"将在中国举办。我们期待着来自土耳其的瑰宝在中国的博物馆展出，让中国公众有机会领略土耳其古代文明的独特魅力。

　　预祝展览圆满成功！

中华人民共和国文化部副部长
国家文物局局长　励小捷
二〇一二年十月

Çin ve Türkiye, Asya kıtasının doğu ve batı ucunda yer alan iki eski medeniyettir, iki ülke halkları arasındaki dostane ilişkilerin kaynağı uzun bir tarihi geçmişe sahiptir. Karşılıklı anlayışın güçlendirilmesi, geleneksel dostluğun derinleştirilmesi için 2009 yılında Çin Cumhurbaşkanı Hu Jintao ile Türkiye Cumhurbaşkanı Abdullah Gül arasında karşılıklı olarak Kültür Yılı düzenlenmesi konusunda fikir birliğine varılmıştır. 2010 yılında, Çin Başbakanı Wen Jiabao'nun Türkiye ziyareti sırasında Çin-Türkiye olmak üzere iki tarafın yayınladığı "Çin Halk Cumhuriyeti ve Türkiye Cumhuriyeti Stratejik İşbirliğinin Kurulması ve Geliştirilmesi Ortak Bildirisi"nde Kültür Yılı etkinliklerinin en iyi şekilde gerçekleştirilmesi hususuna açıkça yer verilmiştir. T.C. Kültür ve Turizm Bakanı Sayın Ertuğrul Günay'ın 2010 yılında gerçekleştirdiği Çin Halk Cumhuriyeti temasları sırasında Beijing'de "Kültür Yılları'nın İlanına İlişkin Muatabakat Zaptı" imzalanmıştır. Aralık 2011'de, 2012 Türkiye'de Çin Kültür Yılı, etkinliklerinin açılışı başkent Ankara'da yapılmıştır, Çin-Türk ilişkilerinin tarihi içerisinde Türk halkının Çin tarihi ve kültürünü yakından tanımasına imkan sağlamak, mevcut ve gelecekteki durumu ortaya koymak, kültürel alışveriş yolunda önemli bir platform oluşturmak amacıyla, ilk kez bu denli geniş kapsamlı bir kültürel faaliyet gerçekleştirilmiştir.

Çin Kültür Yılı'nın sonuna yaklaşılırken düzenlenen "Çin Hazineleri Sergisi", T.C. Kültür ve Turizm Bakanlığı, Çin Kültür Bakanlığı, Çin Devlet Tarihi Eserler Müdürlüğü ve Çin'in Ankara Büyükelçiliği tarafından düzenleniyor. Titizlikle hazırlanan bu sergiyle, Türk vatandaşlarına büyüleyici bir tarihi eserler ziyafeti sunmaya çalışıyoruz.

Farklı kültürlerin bünyesinde toplanması, kaynaştırılması sürecinde, uzun soluklu tarihi dönem içerisinde kesintiye uğramadan devamlı olarak gelişme kaydeden Çin medeniyetinin, dünyanın köklü uygarlıkları arasında önemli bir yeri bulunmaktadır. Shan'anxi eyaletinde yapılan kazılarda çıkarılan harika tarihi eserler, Yasak Kent Müzesi'nde korunan imparatorluk ailelerinin değerli tarihi eserleri ve Shanghai Müzesi'ndeki sanat eserleri, derin bir birikime sahip olan ve dışa açılan yüce Çin milletinin uygarlığını yansıtan örneklerdir.

Bu vesileyle, Çin Devlet Tarihi Eserler Müdürlüğü adına bu serginin başarıyla düzenlenmesi için emek veren Türk ve Çinli uzmanlara, bilim adamlarına ve tüm çalışanlara içten teşekkürlerimi sunarım.

"Türkiye Yılı" 2013 yılında Çin'de düzenlenecek. Çin'deki müzelerde sergilenecek olan Türkiye'den gelen hazinelerin, Çin vatandaşlarının Türkiye'nin eski uygarlığının özgün cazibesini tanımasına olanak sağlamasını bekliyoruz.

Serginin başarılı olmasını dilerim.

**Çin Halk Cumhuriyeti Kültür Bakan Yardımcısı ve**     **Li Xiaojie**
**Çin Devlet Tarihi Eserler Müdürü**     2012.10

中国和土耳其分别位于亚洲东西两端。今天，两国间外交关系已经迈入第41个年头，而由丝绸之路连接起来的贸易关系则拥有更为悠久的历史。

　　众所周知，为进一步加强土耳其和中国之间的文化联系，今年在土耳其举办"中国文化年"，2013年在中国举办"土耳其文化年"。在"中国文化年"范畴里，我们的国家正举办着内容丰富的多项文化活动，其中最为重要的活动之一，毫无疑问就是"华夏瑰宝展"了，它汇聚了中国各大博物馆的馆藏，按年代顺序展示着中国的悠久历史和灿烂文化。此次展览是在土耳其举办的、展品来自中国的首个借展，从这个意义上来说，展览具有特殊意义。在我国最大和最重要的古迹之一的托普卡帕老皇宫举办的此次展览，展示着中国从新石器时代一直到清朝这一漫长历史长河中分属不同朝代的文物。展览在2012年11月20日开幕后，将持续三个月。我们相信，展品中的兵马俑尤其会引起巨大关注。

　　在此，我想祝贺那些为两国间广泛的文化交流活动付出努力和辛劳的人们，并祝愿展览圆满成功！

土耳其文化旅游部次长　厄兹居尔·厄兹阿斯兰
二〇一二年十月

Asya kıtasının biri en doğusunda, diğeri ise en batısında yer alan Türkiye ile Çin arasında diplomatik ilişkilerin kurulmasının 41. yılında olmamıza karşılık, İpek Yolu ile birbirine bağlanan iki ülke arasındaki ticari ilişkilerin tarihi çok eskidir.

Bilindiği üzere Türkiye ile Çin arasında kültürel bağları daha da geliştirmek amacıyla, 2012 Türkiye'de Çin Kültür Yılı, 2013 Çin'de Türk Kültür Yılı olarak ilan edilmiştir. 2012 Türkiye'de Çin Kültür Yılı etkinlikleri kapsamında ülkemizde yoğun kültürel faaliyetler gerçekleştirilmektedir. Bu etkinliklerden en önemlilerinden biri hiç kuşkusuz Çin'in seçkin müzelerinden derlenen ve Çin'in köklü tarihi ile kültürünü kronolojik bir sistem içerisinde örneklemek suretiyle tanımlamaya yönelik hazırlanan "Çin Hazineleri" adlı sergidir. Bu organizasyon Çin'den ödünç alınan ilk sergi olması bakımından da özel bir önem taşımaktadır. Ülkemizin en büyük ve en önemli tarihi mekanlarından biri olan Topkapı Sarayında gösterime sunulan sergide Çin'in Neolitik dönemlerinden Qing Hanedanına kadar hüküm süren hanedanlara ait eserler yer almaktadır. 20 Kasım 2012 tarihinden itibaren üç ay boyunca gösterimde kalacak olan sergide, özellikle Qing hanedanına ait terakota askerlerin büyük ilgi çekeceği düşünülmektedir.

İki ülke arasında düzenlenen bu kapsamlı kültür etkinliğinin gerçekleşmesinde emeği geçenleri tebrik ediyor, serginin başarılı olmasını diliyorum.

T.C. Kültür ve Turizm Bakanlığı Müsteşarı

2012.10

# P序 言
## PROLOGUE

　　中国地处欧亚大陆东侧，是世界文明的发源地之一。五千年生生不息的历史文化，蕴涵了中华民族无尽的创造力。"华夏瑰宝展"精选了中国境内11家文博单位的101件（组）古代文物，从不同方面展现了中华文明的灿烂辉煌。

　　"华夏瑰宝展"展出的文物上自新石器时代，下至明清时期，涵盖了中国历史的各主要发展阶段。展品中不仅有享誉世界、闻名遐迩的秦始皇兵马俑等出土文物和工艺精湛、精美绝伦的皇家珍藏，还融入了"丝绸之路"的相关内容，反映东西方文化的碰撞与融合，体现中华文化的包容与创新，使观众能够从多视角、多侧面感受中华传统文化的博大精深。

# ÖNSÖZ

Çin, Asya-Avrupa büyük kara parçasının en doğusunda yer almaktadır, burası dünya medeniyetlerinin ortaya çıkışına kaynaklık eden topraklardan biridir. 5 bin yıldır kesintiye uğramadan devam eden tarih ve kültür değerleri, Çin milletinin sonsuz yaratma gücünü ortaya koymaktadır. "Çin Hazineleri Sergisi"nde Çin'deki 11 müzeden muhteşem Çin medeniyetini çeşitli açılardan yansıtan 101 tarihi eser seçilmiştir.

Çin Hazineleri Sergisi'nde, Yeni Taş Çağı'ndan Ming ve Qing Hanedanlarına kadar Çin tarihindeki farklı dönemlere ait önemli gelişme dönemlerini içine alan eserler teşhire sunulmaktadır. Sergilenen eserler arasında ünü ülke sınırlarını aşan, dünyanın ilgisini üzerine toplayan, İlk Qin İmparatoru'nun Toprak Asker Ordusu (Terra Cotta) gibi, Çin'de yapılan kazılarda çıkarılan kültürel miras örnekleri, sanatsal açıdan büyük değer taşıyan, zarafetiyle göz dolduran imparator saraylarına ait hazineleri bulunmakta ayrıca "İpek Yolu"ndaki benzeşen bakış açılarını, Doğu-Batı Kültürü arasındaki etkileşimi ve ortak noktaları aksettiren temalar da işlenmektedir. Çin kültürünün muhafazakar aynı zamanda yenilikçi yönü ortaya konmakta, ziyaretçilerin geleneksel Çin kültürünün engin birikimini, farklı açılardan, farklı porfillerden hissetmesi sağlanmaktadır.

# 第一单元
## BİRİNCİ BÖLÜM
### CHAPTER I

# 文明诞生（新石器时代-公元前221年）

## MEDENİYETİN DOĞUŞU(Yeni Taş Devri-M.Ö 221)
## THE BIRTH OF CIVILIZATION(the Neolithic Age-221BC)

　　中华文明源远流长，延绵不断。在大约距今一万年以前，生活在这片土地上的先民逐渐走向文明。陶器的产生、农业的发明是中国新石器时代早期的重大成就。随着生产力水平的不断提高，人类开始尝试改造自然，原始农业得以长足发展，并且形成了定居的聚落，这为此后向文明社会的发展奠定了初步的物质基础。人类的精神世界伴随物质富足也逐渐丰富起来。从公元前3500年开始，权力在群体之间开始分化，原始宗教也已产生并开始影响人们日常的生活。

　　公元前21世纪到公元前5世纪的大约1500年间，即中国的夏商周时期，是中国历史发展的重要阶段，中国古代文明的雏形在夏代已经具备，到了商周时期更是集其大成。这一时期出现了比较完善的文字制度，结束了没有文字记载的史前时期，并创造了灿烂夺目的青铜文化，进而完成了由青铜时代向早期铁器时代的转变。

Çok eskilere uzanan Çin uygarlığı sürekli gelişiyor. 10 bin yıl önce, bu toprakta yaşayan atalar, adım adım uygarlığa ilerledi. Çanak çömleklerin doğuşu ve tarımın başlatılması, Çin'de Yeni Taş Çağı'nın erken dönemindeki büyük başarı olarak kabul ediliyor. Üretim seviyesinin sürekli yükselmesiyle birlikte, insanlar, doğayı değiştirmeye başladı, ilkel tarımda büyük gelişmeler sağlandı ve yerleşik kabileler oluştu. Bunlar, uygar toplumun gelişmesine ilk maddi temeli sağladı. İnsanların manevi dünyası, maddelerin çoğalmasıyla zenginleşti. M.Ö 3500'den itibaren yetkiler, topluluklar arasında bölünmeye başlamış ve ortaya çıkan ilkel dinler de insanların günlük yaşamını etkilemişti.

M.Ö 21. yüzyıldan M.Ö 5. yüzyıla kadar geçen yaklaşık 1500 yıl, yani Çin'deki Xia, Shang ve Zhou Hanedanları dönemi, Çin tarihinin önemli gelişme aşamasıdır. Çin'in eski uygarlığının ilk şekli, Xia Hanedanı döneminde oluşturuldu, Shang ve Zhou Hanedanları döneminde ise gelişti. Bu dönemde gelişmiş yazı sisteminin oluşmasıyla, yazıyla kayıt altına almama dönemi sona erdi. Parlak Bronz Kültürü yaratıldı. Böylece Bronz Dönemi'nden erken Demir Dönemi'ne geçilmesi tamamlandı.

# T文明曙光

MEDENİYETİN İLK IŞIKLARI

HE DAWN OF CIVILIZATION

　　长江和黄河是中华民族的母亲河。黄河流域和长江中下游流域由于气候适宜，又有宽广的平原和肥沃的冲积土壤，因而分别成为粟作旱地农业和稻作水田农业的起源地和中心区域，在全国范围内文化较为发达，可称之为"东方的两河流域"。其中黄河上游流域的马家窑文化彩陶，是中国史前彩陶艺术的一个高峰。图案样式和题材都非常丰富，花纹精美，构思巧妙，通过这些先民日常生活的器物，可以体会其中蕴涵的古人的思维和情感。而长江中下游流域良渚文化的玉器，是中国史前玉器制造的代表之一。在良渚遗址发现了大量的玉器，种类有璧、琮、璜、环等，大部分都出土于墓葬之中。这些玉器象征着财富和权力，反映了当时社会经济的发展。

　　Yantzı Nehri ve Sarı Nehir, Çin milletinin ana nehirleridir. Sarı Nehir havzası ve Yantzı Nehri'nin orta ve aşağı kesimleri uygun iklim ile geniş ova ve verimli topraklar sayesinde buğday ve pirinç üretiminin kaynağı ve merkezi haline geldi. Bu bölgeler, kültürel açıdan ülkenin diğer bölgelerine göre nispeten gelişmiş olmalarından dolayı "Doğu'daki Mezopotamya" olarak da adlandırılıyor. Sarı Nehir'in yukarı kesimindeki Majiayao'da çıkarılan renkli çanak çömlekler, Çin'in millattan öncesi renkli çanak çömlek sanatının zirvesidir. Bu eserlerin çeşidi çok, deseni nefis, içeriği zengin, tasarımı da mükemmeldi. Günlük yaşamlarında kullandıkları bu eşyalardan, ataların düşünce ve duyguları anlaşılıyor. Yantzı Nehri'nin orta ve aşağı kesimlerinde Liangzhu Kültürü'ne ait yeşim taşından yapılan eserler, Çin'in millatan öncesine ait yeşim taşı eserlerinin örneğidir. Liangzhu Kültür Kalıntıları'ndaki mezarlık bölgelerinde yapılan kazılarda çıkarılan çok sayıda yeşim taşı eseri, malvarlığı ve yetkinin bir simgesi olmanın yanı sıra, zamanın toplumsal ve ekonomik gelişme durumunu da yansıtıyor.

## 玉琮

新石器时代·良渚文化
（约公元前3300年－前2200年）
高21.6、宽7.3厘米
征集品
上海博物馆藏

**Yu Cong**
Yeni Taş Devri, Liangzhu Kültürü
(M.Ö 3300-M.Ö 2200)
Yüksekliği:21.6 cm, Genişliği: 7.3 cm
Özel koleksiyon
Bulunduğu Yer: Shanghai Müzesi

**Jade *Cong* (octagonal jade piece with a round hole in the center)**
Neolithic Age, Liangzhu culture
(3300BC-2200BC)
21.6 cm in height and 7.3 cm in width
Collection from the Shanghai Museum

**祭**地礼器。玉琮的功能与意义一方面是统治者祭祀苍茫大地的礼器，另一方面也象征着权力和财富。

Toprağa tapınmak için dini törenlerde kullanılan araçtır. Yöneticinin toprağa tapınması için kullanılan Yu Cong, aynı zamanda yetkinin ve zenginliğin sembolüdür.

## 玉璧

新石器时代·良渚文化
（约公元前3300年−前2200年）
直径22.2厘米
上海青浦福泉山遗址出土
上海博物馆藏

### Yu Bi

Yeni Taş Devri, Liangzhu Kültürü
(M.Ö 3300- M.Ö 2200)
Çapı: 22.2 cm
Shanghai kentinin Qingpu semtinde yer alan
Fuquanshan Kalıntıları'ndan çıkarıldı
Bulunduğu Yer: Shanghai Müzesi

### Jade *Bi* (disc)

Neolithic Age, Liangzhu culture
(3300BC-2200BC)
22.2 cm in diameter
Unearthed from Fuquanshan site in Shanghai
Collection from the Shanghai Museum

祭天礼器。玉璧自新石器时
代至清代延续数千年，除
作为礼器外，后期还出现装饰
作用的佩玉。

Göğe tapınmak için dini törenlerde
kullanılan araçtır. Taş Devri'nden
Qing Hanedanı dönemine kadar
binlerce yıl boyunca dini törenlerde
kullanılan Yu Bi, daha sonraki
dönemlerde süs olarak kıyafete
takılırdı.

## 玉钺

新石器时代·良渚文化
（约公元前3300年—前2200年）
长15.8、宽10厘米
上海青浦福泉山遗址出土
上海博物馆藏

**Yu Yue**
Yeni Taş Devri, Liangzhu Kültürü
(M.Ö 3300- M.Ö 2200)
Yüksekliği:15.8 cm, Genişliği: 10 cm
Shanghai kentinin Qingpu semtinde yer alan
Fuquanshan Kalıntıları'ndan çıkarıldı
Bulunduğu Yer: Shanghai Müzesi

**Jade *Yue* (battle-axe)**
Neolithic Age, Liangzhu culture
(3300BC-2200BC)
15.8 cm in length and 10 cm in width
Unearthed from Fuquanshan site in Shanghai
Collection from the Shanghai Museum

象征权力的礼器。这类器物在新石器时代已大量出现，是文明时代军事权力的象征物。

Yetkinin sembolüdür. Yeni Taş Devri döneminde ortaya çıkan Yu Yue, eski dönemlerde askeri yetkinin sembolüydü.

### 细刻纹阔把陶壶

新石器时代·良渚文化
（约公元前3300年－前2200年）
高15.2、足径7.7厘米
征集品
上海博物馆藏

### İnce Çizgili ve Geniş Kulplu Seramik Kap

Yeni Taş Devri, Liangzhu Kültürü
(M.Ö 3300- M.Ö 2200)
Yüksekliği:15.2 cm, Tabanın çapı: 7.7 cm
Özel koleksiyon
Bulunduğu Yer: Shanghai Müzesi

### Pottery Pot Carved with Thin Line Pattern and a Wide Handle

Neolithic Age, Liangzhu culture
(3300BC-2200BC)
15.2 cm in height and 7.7 cm in diameter
Collection from the Shanghai Museum

此器为泥质黑衣灰陶，制作
精细。是良渚文化黑陶的
精品。

Siyah seramikten çok ince bir şekilde
yapılan bu kap, Liangzhu Kültürü'ne
özgü siyah seramiğin örneğidir.

网格纹陶壶
新石器时代 · 马家窑文化
（约公元前3300年－前2050年）
高29.8、口径7.5、底径10.5厘米
征集品
上海博物馆藏

**Kareli Seramik Kap**
Yeni Taş Devri, Majiayao Kültürü
(M.Ö 3300- M.Ö 2050)
Yüksekliği: 29.8 cm, Ağız çapı: 7.5 cm, Tabanın
çapı: 10.5 cm
Özel koleksiyon
Bulunduğu Yer: Shanghai Müzesi

**Pottery Pot Carved with Grid Pattern**
Neolithic Age, Majiayao culture
(3300BC-2050BC)
29.8 cm in height, 7.5 cm in top diameter and 10.5
cm in bottom diameter
Collection from the Shanghai Museum

这件陶壶的器身用黑色弦纹作为间隔描绘出两层网格带，网格中均匀地分布谷粒状线圈。此器是中国新石器时代晚期黄河上游地区马家窑文化的代表性器物。

Kaptaki kareli çizgiler, siyah renkli yuvarlak çizgiyle iki bölüme ayrılır. Bu kap, Yeni Taş Devri'nin son döneminde Sarı Nehrin yukarı kesiminde keşfedilen Maojiayao Kültürü'ne özgü alettir.

彩绘四圈连续纹陶壶
新石器时代 · 马家窑文化
（约公元前3300年－前2050年）
高40、口径13.6、底径13.7厘米
征集品
上海博物馆藏

**Renkli Dört Yuvarlak Çizgili**
**Seramik Kap**
Yeni Taş Devri, Majiayao Kültürü
(M.Ö 3300- M.Ö 2050)
Yüksekliği: 40 cm, Ağız Çapı: 13.6 cm,
Tabanın Çapı: 13.7 cm
Özel koleksiyon
Bulunduğu Yer: Shanghai Müzesi

**Painted Pottery Pot Carved with**
**Four-loop Volute Pattern**
Neolithic Age, Majiayao culture
(3300BC-2050BC)
40 cm in height, 13.6 cm in top diameter and
13.7 cm in bottom diameter
Collection from the Shanghai Museum

身上半部分用红黑两色描绘以波状线条蜿蜒连接的四个圆圈，圈内填画米字纹。整器浑厚端庄，花纹绚丽细腻。

Kabın yukarı kısmı, kırmızı ve siyah dalgalı ve aralıksız dört yuvarlak çizgiden oluşur. Yayvan görünen kabın desenleri ince ve naiftir.

# T青铜文化
## BRONZ KÜLTÜRÜ
### HE BRONZE CULTURE

　　青铜是人类历史上的一项伟大发明，它是红铜和锡、铅等金属的合金。中国的青铜文化以成套礼器的铸造以及大量带有铭文而著称，其工艺精湛、技术娴熟、内容丰富，在世界青铜文化史中占有独特的地位。

　　商周时期，青铜器被王室贵族控制，逐步演变成体现当时社会等级的"礼器"。周公"击礼作乐"以后，建立了一整套等级森严的礼仪制度，这种制度渗透到当时社会各个角落。王室贵族在宗庙礼仪场合中以鼎盛肉、以簋盛稻粱、以盘匜盛水、以尊爵盛酒，来祭祀祖先、神灵。这些青铜器造型雄奇、纹饰繁缛、铭文丰富，充满了神秘的色彩，是国之重器和王权的象征，体现了早期中国礼制的形成与发展。

Bronz, insanlık tarihindeki büyük buluşlardan biri olarak kabul ediliyor. Bronz kızıl bakır ile kalay ve kurşunun karışımıdır. Çin'de bronz kültürü, tören aletlerinin üretimi ve eserlerin üzerinde yazı oyulmasıyla tanınıyor. Çin Bronz Kültürü, üretim ustalığı ve zengin içeriğiyle dünya bronz tarihinde özel bir konuma sahiptir. Shang ve Zhou döneminde sadece imparatorluk ailesinin ve aristokratların sahip olduğu bronz aletler, daha sonra adım adım toplumsal konumu gösteren "alet" haline geldi.

Zhou Hanedanı döneminde sıkı görgü ve davranış kuralları oluşturuldu. Bu sistem, zamanın toplumunun her hücresine sızdı. İmparatorluk ailesi ve aristokratlar, tapınaklarda düzenlenen ataları anma törenlerinde etleri tripota, pirinç ve süpürgedarısını ağzı yuvalak ve iki kulplu "gui" adlı kaba, suyu "yi" denen kaba, içkileri de "zunjue" adlı sürahiye koyuyordu. Bu bronz eşyalar değişik ve görkemli şekillere, nefis motiflere ve üzerinde zengin içerikli yazılara sahipti. Gizemli ve orjinal renklerle boyanan bu bronz eşyalar devletin yüksek değerli eşyalarıdır ve imparatorluk yetkisinin göstergesidir.

祭祀或宴飨礼器。鼎是国家和权力的象征，商周时期统治者往往以举国之力来铸造大鼎。

Dini törenlerde veya yemek sofrasında kullanılırdı. Üç ayaklı sehpa devlet yönetiminin ve yetkinin sembolüdür. Shang ve Zhou Hanedanları dönemlerinde krallar, büyük üç ayaklı sehpalar yaptırmak için krallığın bütün gücünü harcadı.

## 云纹铜鼎

夏晚期（约公元前19世纪－前16世纪）
高18.5、口径16.1厘米
征集品
上海博物馆藏

### Bulut Desenli Üç Ayaklı Bronz Sehpa

Xia Hanedanı döneminin son yılları (M.Ö 1800- M.Ö 1500)
Yüksekliği: 18.5 cm, Ağız Çapı: 16.1 cm
Özel koleksiyon
Bulunduğu Yer: Shanghai Müzesi

### Cloud Patterned Bronze Ding (a type of ancient Chinese vessel with three legs )

Late Xia Dynasty (19th century BC-16th century BC)
18.5 cm in height and 16.1 cm in top diameter
Collection from the Shanghai Museum

兽面纹铜壶
商中期（约公元前15世纪中叶－前13世纪）
高25.3、腹径15.3厘米
征集品
上海博物馆藏

**Hayvan başı desenli bronz sürahi**
Shang Hanedanı döneminin ortası (M.Ö 1400- M.Ö 1200)
Yüksekliği: 25.3 cm, Gövde Çapı: 15.3 cm
Özel koleksiyon
Bulunduğu Yer: Shanghai Müzesi

**Bronze Pot with Animal Face Design**
Mid Shang Dynasty (15th century BC- 13century BC)
25.3 cm in height and 15.3 cm in middle diameter
Collection from the Shanghai Museum

**盛** 酒礼器。小口，长颈，腹部饰兽面纹，圈足内壁铸有一字铭文。

Ağzı küçük ve boynu uzun olan bu içki testisinin gövdesinde hayvan başı deseni bulunuyor. Ayağında Çince karakterleri oyuldu.

**祭** 祀礼器。腹部有兽面纹，足饰蕉叶纹，器内腹铸有铭文两行五字。

Dini törenlerde kullanılırdı. Gövdesinde hayvan başı deseni ve ayaklarında muz yaprağı deseni bulunuyor. Sehpanın içinde iki satırda toplam 5 Çince karakteri oyuldu.

## "父乙" 铜鼎
商晚期（约公元前13世纪－前1046年）
高28.7、宽24厘米
征集品
故宫博物院藏

### "Fu Yi" Adlı Üç Ayaklı Bronz Sehpa
Shang Hanedanı döneminin son yılları (M.Ö 1200-M.Ö 1046)
Yüksekliği: 28.7 cm, Genişliği: 24 cm
Özel koleksiyon
Bulunduğu Yer: Yasak Kent Müzesi

### "Fu Yi" Bronze *Ding* (a type of ancient Chinese vessel with three legs)
Late Shang Dynasty (13th century BC-1046 BC)
28.7 cm in height and 24 cm in width
Housed by the Palace Museum

**饮** 酒礼器。此爵腹一侧设兽首鋬。鋬内铸铭文一字。

Alkollü içki içmek için kullanılırdı. Kadehin kulbunda hayvan başı deseni bulunuyor ve Çince karakter oyulmuştur.

### "家" 铜爵
商晚期（约公元前13世纪—前1046年）
高21、长16.9厘米
征集品
上海博物馆藏

### "Jia" Adlı Tong Jue (Bronzdan yapılan bir tür içki kadehi)
Shang Hanedanı döneminin son yılları (M.Ö 1200- M.Ö 1046)
Yüksekliği: 21 cm, Uzunluğu: 16.9 cm
Özel koleksiyon
Bulunduğu Yer: Shanghai Müzesi

### "Jia" Bronze *Jue* (a type of ancient Chinese wine vessel)
Late Shang Dynasty (13th century BC- 1046 BC)
21 cm in height and 16.9 cm in length
Collection from the Shanghai Museum

饮 酒礼器。此觚圈足内侧铸铭文一字。青铜觚常与青铜爵相伴同出，盛行于商代和西周时期。

Alkollü içki içmek için kullanılırdı. Kadehin altında Çince karakter oyulmuştur. Tong Gu genel olarak Tong Jue ile beraber kullanılırdı. Tong Gu ile içki içmek Shang ve Batı Zhou Hanedanları dönemlerinde yaygındı.

## 铜觚
商晚期（约公元前13世纪−前1046年）
高31.3、口径17.5厘米
征集品
上海博物馆藏

## Tong Gu (Bronzdan yapılan bir tür içki kadehi)
Shang Hanedanı döneminin son yılları (M.Ö 1200-M.Ö 1046)
Yüksekliği: 31.3 cm, Ağız Çapı: 17.5 cm
Özel koleksiyon
Bulunduğu Yer: Shanghai Müzesi

## Bronze *Gu* (a type of ancient Chinese wine vessel)
Late Shang Dynasty (13ᵗʰ century BC- 1046 BC)
31.3 cm in height and 17.5 cm in top diameter
Collection from the Shanghai Museum

**蒸** 煮礼器，由两部分组成。上部称甑，放置食物，下部称鬲，盛水。中间以箅相通，是利用水蒸气蒸煮食物的炊具。铜甗出现于商代早期，一直沿用至战国时期。此甗甑部内壁铸有"亚畟父丁"四字铭文。

İki bölümden oluşan buharlı kazandır. Zeng adlı üst bölüme yemek, Ge adlı alt bölüme ise su koyulur. İki bölüm kevgir ile ayrılır. Buharla yemek pişirilen bronzdan yapılmış bu kazan, Shang Hanedanı döneminin ilk yıllarında ortaya çıktı ve Savaşan Devletler Dönemi'ne kadar kullanıldı.

"亚畟"铜甗
商晚期（约公元前13世纪—前1046年）
高45.4、口径25.5厘米
征集品
上海博物馆藏

**"Ya畟" adlı Tong Yan (Bronzdan yapılan bir tür içki kadehi)**
Shang Hanedanı döneminin son yılları (M.Ö 1200- M.Ö 1046)
Yüksekliği: 45.4 cm, Ağız Çapı: 25.5 cm
Özel koleksiyon
Bulunduğu Yer: Shanghai Müzesi

**"Ya畟" Bronze *Yan* (a type of ancient Chinese cooking vessel for steaming)**
Late Shang Dynasty (13th century BC- 1046 BC)
45.4 cm in height and 25.5 cm in top diameter
Collection from the Shanghai Museum

饮 酒礼器。呈扁圆形，腹部上栏饰两端呈勾曲状的兽体目纹，主题纹饰是虎耳兽面纹，圈足饰雷纹。

Alkollü içki içilirken kullanılırdı. Bu basık kadehin üst kısmında hayvan başı desenleri bulunuyor. Alt kısmında ise kaplan kulaklı hayvan başı deseni vardır. Kadehin ayağında lei deseni (gök gürültüsünü çağrıştıran bir tür desen) oyulmuştur.

**兽面纹铜觯**
商晚期（约公元前13世纪—前1046年）
高19.3、腹径10.8厘米
征集品
上海博物馆藏

**Hayvan Başı Desenli Tong Zhi (Bronzdan yapılan bir tür içki kadehi)**
Shang Hanedanı döneminin son yılları (M.Ö 1200- M.Ö 1046)
Yüksekliği: 19.3 cm, Göbek Çapı: 10.8 cm
Özel koleksiyon
Bulunduğu Yer: Shanghai Müzesi

**Bronze *Zhi* (a type of ancient Chinese wine vessel) with Animal Face Design**
Late Shang Dynasty (13th century BC- 1046 BC)
19.3 cm in height and 10.8 cm in middle diameter
Collection from the Shanghai Museum

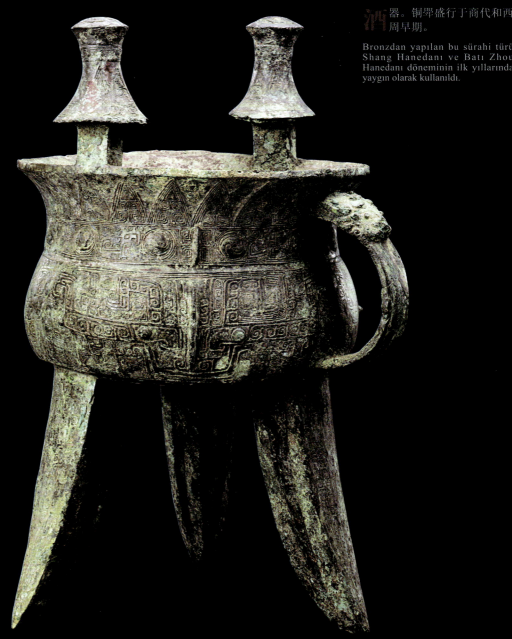

泗器。铜斝盛行于商代和西
周早期。

Bronzdan yapılan bu sürahi türü
Shang Hanedanı ve Batı Zhou
Hanedanı döneminin ilk yıllarında
yaygın olarak kullanıldı.

兽面纹铜斝
商晚期（约公元前13世纪—前1046年）
高32、宽21厘米
征集品
故宫博物院藏

**Hayvan Başı Desenli Tong Jia
(Bronzdan yapılan bir tür sürahi)**
Shang Hanedanı döneminin son yılları (M.Ö 1200-
M.Ö 1046)
Yüksekliği: 32 cm, Genişliği: 21 cm
Özel koleksiyon
Bulunduğu Yer: Yasak Kent Müzesi

**Bronze *Jia* (a type of ancient Chinese
wine vessel) with Animal Face Design**
Late Shang Dynasty (13th century BC-1046 BC)
32 cm in height and 21 cm in width
Housed by the Palace Museum

鬲 饪礼器。此器颈部饰极其
细密的重叠雷纹，腹部饰
兽面纹。铜鬲最早出现于商代
早期。

Yemek pişirmekte kullanılırdı.
Kazanın boynunda lei deseni (gök
gürültüsünü çağrıştıran bir tür desen),
gövdesinde ise hayvan başı deseni
bulunuyor. Tong Ge, Shang Hanedanı
döneminin ilk yıllarında ortaya çıktı.

兽面纹铜鬲
西周早期（公元前1046年-前10世纪）
高20、口径14.6厘米
征集品
上海博物馆藏

**Hayvan Başı Desenli Tong Ge (Bronzdan
yapılan bir tür kazan)**
Batı Zhou Hanedanı döneminin ilk yılları (M.Ö 1046-
M.Ö 900)
Yüksekliği: 20 cm, Ağız Çapı: 14.6 cm
Özel koleksiyon
Bulunduğu Yer: Shanghai Müzesi

**Bronze _Li_ (a type of ancient Chinese
cooking vessel with pouch-like hollow
legs) with Animal Face Design**
Early Western Zhou Dynasty (1046 BC -10th century BC)
20 cm in height and 14.6 cm in top diameter
Collection from the Shanghai Museum

蜗身兽纹铜簋

西周早期（公元前1046年－前10世纪）

高14.7、口径18.4厘米

征集品

上海博物馆藏

**Salyangoz Figürlü ve Hayvan Desenli Tong
Gui (Bronzdan yapılan bir tür kâse)**

Batı Zhou Hanedanı döneminin ilk yılları (M.Ö 1046- M.Ö 900)

Yüksekliği: 14.7 cm, Ağız Çapı: 18.4 cm

Özel koleksiyon

Bulunduğu Yer: Shanghai Müzesi

**Snail Shaped and Animal Patterned Bronze
*Gui* (a type of ancient Chinese cooking vessel)**

Early Western Zhou Dynasty (1046 BC -10th century BC)

14.7 cm in height and 18.4 cm in top diameter

Collection from the Shanghai Museum

盛食礼器，用于盛放主食，如黍、稷的器具。此器腹两侧饰兽耳，兽角翘起出器口。青铜簋出现于商代早期，盛行于西周时期。

Sarı pirinç gibi ana yemeklerin koyulduğu kâsedir. Kâsenin iki tarafında hayvan başı şeklinde iki kulp bulunuyor. Hayvanların boynuzları, kâsenin ağzının kenarındadır. Shang Hanedanı döneminin ilk yıllarında ortaya çıkan bronzdan yapılmış Tong Gui, Batı Zhou Hanedanı döneminde yaygın olarak kullanıldı.

"□□□□□"

西周中期（约公 元前10世纪一前9世纪）

高24、口径14厘米

征集品

上海博物馆藏

**"Bo" Adlı Tong He (Bronzdan yapılan bir tür sürahi)**

Batı Zhou Hanedanı döneminin ortası (M.Ö 900- M.Ö 800)

Yüksekliği: 24 cm, Ağız Çapı: 14 cm

Özel koleksiyon

Bulunduğu Yer: Shanghai Müzesi

**"Bo" Bronze *He* (a type of ancient Chinese wine vessel)**

Mid Western Zhou Dynasty (10th century BC -9th century BC)

24 cm in height and 14 cm in top diameter

Collection from the Shanghai Museum

酒礼器。此器腹部一侧为斜支上翘的管状流，另一侧是牛首鋬，盖沿、器颈部饰凤鸟纹，器盖同铭各有四字。

Bronzdan yapılan bir tür sürahidir. Bu sürahinin gövdesinin bir tarafında ağzı, diğer tarafında ise boğa başı desenli kulbu bulunuyor. Sürahinin kapağında ve gövdesinde toplam beş Çince karakter oyulmuştur.

"遣叔吉父"铜盨
西周晚期（约公元前9世纪－前771年）
高19.6、口径24.7厘米
征集品
上海博物馆藏

**"Qian Shu Ji Fu" Adlı Tong Xu (Bronzdan yapılan bir tür kâse)**
Batı Zhou Hanedanı döneminin son yılları (M.Ö 800- M.Ö 771)
Yüksekliği: 19.6 cm, Ağız Çapı: 24.7 cm
Özel koleksiyon
Bulunduğu Yer: Shanghai Müzesi

**"Qian Shu Ji Fu" Bronze *Xu* (a type of ancient Chinese cooking vessel)**
Late Zhou Dynasty (9th century-771 BC)
19.6 cm in height and 24.7 cm in top diameter
Collection from the Shanghai Museum

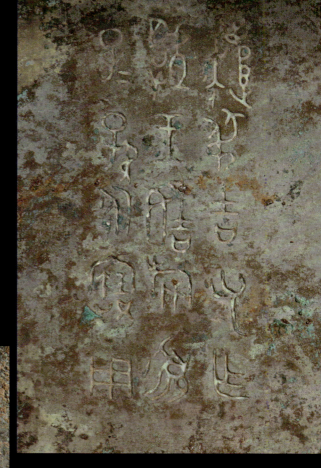

盛 食礼器，用于盛放主食，如黍、稷的器具。此器顶有四个扁平的纽，纽上各饰回首小龙，盖顶、盖缘、器口以及圈足各饰兽体卷曲纹。盖内壁及器内底各铸有铭文。

Sarı pirinç gibi ana yemeklerin koyulduğu kâsedir. Kâsenin kapağında dört düz düğme bulunuyor. Her düğmede başı geriye dönmüş ejderha deseni oyulmuştur. Kâsenin kapağı, ağzı ve ayağında hayvan desenleri bulunuyor.

## 兽面纹铜壶

西周晚期（约公元前9世纪—前771年）
高48.2、宽33厘米
传世品
故宫博物院藏

### Hayvan Başı Desenli Bronz Sürahi

Batı Zhou Hanedanı döneminin son yılları (M.Ö
800- M.Ö 771)
Yüksekliği: 48.2 cm, Genişliği: 33 cm
Özel koleksiyon
Bulunduğu Yer: Yasak Kent Müzesi

### Bronze Pot with Animal Face Design

Late Zhou Dynasty (9th century-771 BC)
48.2 cm in height and 33 cm in width
Housed by the Palace Museum

**盛**酒礼器。此器颈两侧各有一象耳，象鼻高举上卷。在青铜器上，以象作装饰题材，是从商代开始的，多用在器物的双耳上，也有以象的全形作装饰的。

Bir tür içki testisidir. Sürahinin boynunun iki yanında fil figürüne benzeyen kulplar vardır. Kulpların burunları yukarıya kalkıktır. Fil deseni, Shang Hanedanı döneminde bronzdan yapılan araçlarda görülmeye başlandı. Fil desenleri genelde aletlerin kulplarında görülür. Bazı aletlerin gövdeleri fil şeklindeydi.

## 交龙纹铜匜

春秋早期（公元前770年－前7世纪中叶）
高17.2、长31.2厘米
征集品
上海博物馆藏

**Ejderha Desenli Tong Yi (Bronzdan yapılan
bir tür leğen)**
İlkbahar-Sonbahar döneminin ilk yılları (M.Ö 770- M.Ö 7.
yüzyılın ortası)
Yüksekliği: 17.2 cm, Uzunluğu: 31.2 cm
Özel koleksiyon
Bulunduğu Yer: Shanghai Müzesi

**Entwined Dragon Patterned Bronze *Yi* (a
type of ancient food vessel)**
Early Spring and Autumn Period (770BC-mid 7th century BC)
17.2 cm in height and 31.2 cm in length
Collection from the Shanghai Museum

匜 器。常与盘组合出现。是典礼前参祭者为表示对神灵祖先的虔诚和敬意，洗手所用之沃盥之器。此器腹下置四扁足，饰独足龙，后部设龙鋬，尾上卷。

El yıkamak için kullanılırdı. Genel olarak Tong Pan ile beraber kullanılırdı. Dini törenlere katılanlar, tanrılara veya atalara saygı göstermek için törenlerden önce ellerini yıkamak için bu leğeni kullanırdı. Leğenin dört ayağında ejderha figürü oyulmuştur. Leğenin kulbundaki ejderha figürünün kuyruğu yukarı kalkıktır.

龟鱼纹铜盘
春秋早期（公元前770年－前7世纪中叶）
高12、口径42厘米
征集品
上海博物馆藏

**Kaplumbağa ve balık Desenli Tong Pan
(Bronzdan yapılan bir tür leğen)**
İlkbahar-Sonbahar döneminin ilk yılları (M.Ö 770- M.Ö 7.
yüzyılın ortası )
Yüksekliği: 12 cm, Ağız Çapı: 42 cm
Özel koleksiyon
Bulunduğu Yer: Shanghai Müzesi

**Fish and Turtle Patterned Bronze Plate**
Early Spring and Autumn Period (770BC-mid 7th century BC)
12 cm in height and 42 cm in top diameter
Collection from the Shanghai Museum

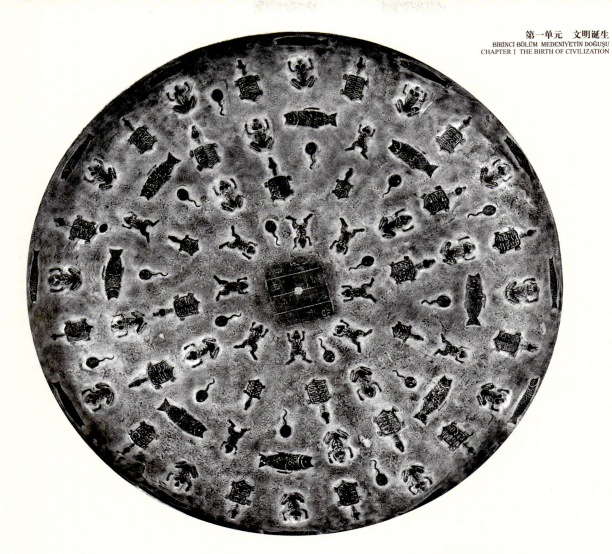

**盥**器。常与匜组合出现。此盘内底中心有铭文10字，内壁饰龟、鱼、蛙等纹样，盘外壁饰没有龙首的变形龙纹。

El yıkamak için kullanılırdı. Genel olarak Tong Yi ile beraber kullanılırdı. Leğenin içinde başları ve kuyrukları birbirine bağlı 12 balık deseni bulunuyor. Tabanında ise ejderha deseni vardır. Leğenin dışında ejderha gövdesi desenleri bulunuyor.

**狩猎画像纹高柄铜壶**
春秋晚期（约公元前6世纪—前476年）
高24.8、口径4.8厘米
征集品
上海博物馆藏

**Av Resimli Yüksek Ayaklı Bronz Sürahi**
İlkbahar-Sonbahar döneminin son yılları (M.Ö 500- M.Ö 476)
Yüksekliği: 24.8 cm, Ağız Çapı: 4.8 cm
Özel koleksiyon
Bulunduğu Yer: Shanghai Müzesi

**Bronze Pot with High Stem and Decorative Image of Hunting**
Late Spring and Autumn Period (6th century BC- 476 BC)
24.8 cm in height and 4.8 cm in top diameter
Collection from the Shanghai Museum

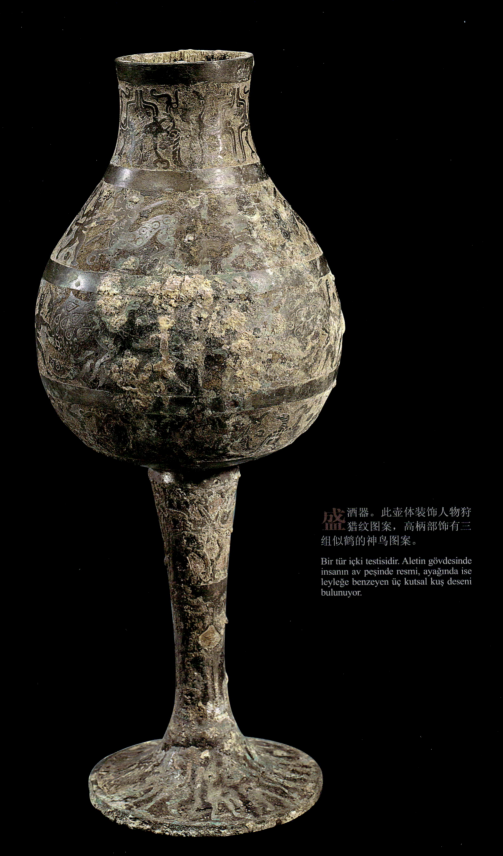

**盛**酒器。此壶体装饰人物狩
猎纹图案，高柄部饰有三
组似鹤的神鸟图案。

Bir tür içki testisidir. Aletin gövdesinde
insanın av peşinde resmi, ayağında ise
leyleğe benzeyen üç kutsal kuş deseni
bulunuyor.

春秋晚期（约公元前6世纪—前476年）
高25.1、口径47.3厘米
征集品
上海博物馆藏

**Ejderha Desenli Dört Kulplu Tong Jian
(Bronzdan yapılan bir tür leğen)**
İlkbahar-Sonbahar döneminin son yılları (M.Ö 500- M.Ö 476)
Yüksekliği: 25.1 cm, Ağız Çapı: 47.3 cm
Özel koleksiyon
Bulunduğu Yer: Shanghai Müzesi

**Four-eared Coiled Dragon Designed Bronze
*Jian* (a type of ancient cooking vessel)**
Late Spring and Autumn Period (6th century BC- 476 BC)
25.1 cm in height and 47.3 cm in top diameter
Collection from the Shanghai Museum

### 蟠龙纹铜镈
春秋晚期（约公元前6世纪—前476年）
高40.2、于横宽29.9厘米
征集品
上海博物馆藏

### Ejderha Desenli Tong Bo (Bronzdan yapılan bir tür çalgı)
İlkbahar-Sonbahar döneminin son yılları (M.Ö 500- M.Ö 476)
Yüksekliği: 40.2 cm, Genişliği: 29.9 cm
Özel koleksiyon
Bulunduğu Yer: Shanghai Müzesi

### Coiled Dragon Designed Bronze *Bo* (a type of ancient bell)
Late Spring and Autumn Period (6th century BC- 476 BC)
40.2 cm in height and 29.9 cm in width
Collection from the Shanghai Museum

打击乐器。纽为对称飞龙，龙口噬一兽，表面各部位分别饰有交龙纹和蟠龙纹。

Vurmalı çalgıdır. Aletin, ağızlarında birer hayvan bulunan iki ejderha figüründen oluşuyor. Çalgının gövdesinde ejderha desenleri bulunuyor.

**嵌红铜银三角云纹铜敦**
战国晚期（约公元前4世纪－前221年）
高25.4、腹径18.8厘米
征集品
上海博物馆藏

**Bulut Desenli Tong Dui (Bronzdan yapılan bir tür kap)**
Savaşan Devletler döneminin son yılları (M.Ö 300- M.Ö 221)
Yüksekliği: 25.4 cm, Gövde Çapı: 18.8 cm
Özel koleksiyon
Bulunduğu Yer: Shanghai Müzesi

**Bronze *Dui* (a type of ancient Chinese food vessel) with Triangle Cloud Pattern in Red Bronze and Silver**
Late Warring States period (4th century BC-221BC)
25.4 cm in height and 18.8 cm in middle diameter
Collection from the Shanghai Museum

**盛**食礼器。整器似上下对称的球形体，盖和器都有环状云头形的两耳三足，可分置。

Yemek konulan kaptır. Kap iki aynı bronz kâseden oluşuyor. Kabın her iki bölümünde bulut desenli halka şeklinde üç ayak ve iki kulp bulunuyor. Kabın iki bölümü ayrı ayrı kullanılırdı.

# 天下一统 （公元前221年－公元220年）

## BİRLİK (M.Ö 221- M.S 220)

## UNIFICATION(221BC-220AD)

　　秦汉时期是中国历史上第一个大一统时期。公元前221年，秦灭六国，首次完成了真正意义上的中国统一，秦始皇称帝，建立起中国历史上第一个中央集权制国家。秦亡后汉朝继之而起，基本延续了秦的制度。

　　这一时期是中国封建经济发展的初期。秦的政治统一和统一货币、文字与度量衡的措施，都有利于社会经济文化的发展与交流。汉初统治者调整统治政策，经济得到恢复发展，社会出现安定繁荣的局面。封建土地私有制得以确立和巩固，黄河流域尤其中西部地区成为封建经济的重心。中原先进的生产技术开始向边疆地区拓展，西北畜牧业经济区与中原农业经济区实现了交融。

　　汉代民族交流初步繁荣。汉武帝以来，基本解除北方的威胁，并逐步开始同西域各族发生密切的贸易关系和文化交流，促进了民族之间的经济文化交流和西域的开发。中国与西亚和欧洲的交往以贸易往来、使节往来和科技文化交流等形式发展起来，并突破东亚的范畴。丝绸之路开通后，中国同西亚和欧洲大秦开始交往。

Qin ve Han Hanedanları dönemi, Çin tarihinde ilk birleşik dönemdi. M.Ö 221 yılında Qin Hanedanı'nın altı devleti yıkmasıyla, gerçek anlamda Çin'in ilk birleşmesi gerçekleştirildi. Yinzhen, Qin Hanedanı'nın ilk imparatorudur. Ona "Qin Shihuang" adı verildi. Qin'in çökmesinden sonra Han Hanedanı kuruldu ve Qin Hanedanı döneminin sistemi sürdürüldü.

Bu dönem, Çin feodal ekonomisinin ilk gelişme dönemiydi. Qin Hanedanı döneminde iktidar birliği ve tek para birimi ile tek yazı ve ölçümün uygulanması toplumun, ekonominin ve kültürün gelişmesine ve temaslarına katkıda bulundu. Han Hanedanı'nın ilk döneminde yöneticilerin yönetim politikalarını düzeltmesi sayesinde ekonomide gelişmeler kaydedildi ve toplumda istikrar sağlandı. Toprakta özel mülkiyet sistemi oluşturulup güçlendirildi. Sarı Nehir kesimleri, özellikle orta ve batı kesimleri feodal ekonominin merkezi haline geldi. Çin'in orta kesimindeki ileri üretim teknolojisi, sınır bölgelerine yayılmaya başladı. Ülkenin kuzeybatısındaki hayvancılık bölgesi ile orta kesimindeki tarımsal ekonomi bölgesi arasında kaynaşma sağlandı.

Etnik gruplar arasındaki temaslar yoğunlaştı. Han Hanedanı imparatorlarından Wudi yönetiminden sonra kuzeyden gelen saldırı tehdidi ortadan kalktı ve adım adım Batı Bölgeleri'nde yaşayan farklı etnik gruplarla sıkı ticari ilişkiler ve kültürel temas başladı. Böylece etnik gruplar arasındaki ekonomik ve kültürel temaslar ile Batı Bölgeleri'nin kalkınması hızlandırıldı. Çin ile Batı Asya ve Avrupa arasındaki temaslar ticaret yapmak, elçi göndermek ve bilimsel ve teknolojik ileşitimde bulunmakla başlayıp gelişti. İpek Yolu'nun açılmasıyla, Çin ile Batı Asya ve Avrupa arasındaki temaslar yoğunlaşmaya başladı.

# T秦的统一

## QİN HANEDANLIĞI'NIN SAĞLADIĞI BİRLİK
### THE UNIFICATION OF CHINA UNDER THE QIN DYNASTY

　　秦王朝的建立掀开了中国历史上新的一页，秦始皇陵集中体现了辉煌的秦代文明，以其规模宏大、埋藏丰富而著称于世。秦始皇陵位于中国西北部陕西西安的骊山之北。据记载，秦始皇从13岁即位时就开始营建陵园，修筑时间长达38年之久。1974年以来，在陵园东1.5公里处发现三处秦始皇陵的陪葬坑，出土各类兵俑近八千件、战车百乘以及数万件实物兵器。秦俑坑威武雄壮的兵马俑军阵，在一定意义上也可以说是秦始皇创建和加强中央集权的象征，再现了秦始皇当年为完成统一中国的大业建立的强大军事力量。兵马俑的发现被誉为"20世纪考古史上的伟大发现之一"。秦俑艺术同样也是中国古代雕塑艺术史上的一个典范，为世人所瞩目。

　　Qin yönetiminin oluşturulması, Çin tarihinde parlak bir sayfa açtı. Qin Shihuang mezarlığı, Qin Hanedanı uygarlığının kapsamlı bir göstergesidir. Görkemi ve içindeki zengin eşyalarıyla dünyaca tanınan Qin Shihuang Mezarı, Çin'in kuzeybatısındaki Shan'anxi eyaletinin Xi'an kentindeki Lishan Dağı'nın kuzeyinde yer alıyor. "Shiji" adlı "Tarihi Kayıtlar" kitabına göre, Qin Shihuang mezarı 13 yaşında imparatorluk tahtına oturduğunda inşa ettirmeye başladı. Mezarın yapımı 38 yılda tamamlandı. 1974 yılından bu yana, mezarın 1.5 kilometre doğusunda Qin Shihuang'ın mezarının çevresinde, ona eşlik eden üç mezar çukuru daha bulunmaktadır. Genişliği 20 bin metrekareyi geçen bu mezar çukurularında 8 bin Terra Cotta Askeri, yüzlerce savaş arabası ve on binlerce silah çıkarıldı. Terra Cotta'dan görkemli asker kıtasının, bazı açılardan Qin Shihuang'un merkezi yönetimi kurup güçlendirmesinin bir göstergesi olduğu söylenebilir. Bu asker figürleri Qin Shihuang'un Çin'i tek çatı altına almak için kurduğu güçlü askeri gücü yansıtıyor. Terra Cotta askerler, "Dünya'nın 8. Harikası" ve "Arkeoloji tarihinin 20. yüzyıldaki en büyük buluşlardan biri" olarak adlandırılıyor. Terra Cotta sanatı aynı şekilde Çin'in heykel sanatı tarihindeki bir örnek olarak da dünyanın dikkatini çekiyor.

## 跪射陶俑

秦（公元前221年－前206年）
高122厘米
2010年陕西西安临潼秦始皇兵马俑二号坑出土
秦始皇帝陵博物院藏

### Tek Dizi Üzerinde Okcu Heykeli

Qin Hanedanı dönemi (M.Ö 221- M.Ö 206)
Yüksekliği: 122 santimetre
Shan'anxi eyaletine bağlı 2010 yılında Xi'an kentinin
Lintong semtinde yer alan Yeraltı Heykelleri Ordusu'nun
keşfedildiği üç çukurun ikincisinden çıkarıldı
Bulunduğu Yer: Qin Shihuang Mezarlığı Müzesi

### Terra-cotta Figure of a Kneeling Soldier

Qin Dynasty (221BC-206BC)
122 cm in height
Unearthed from pit two of the mausoleum of Qin Shi Huang
in Lintong District, Xi'an, Shaanxi province in 2010.
Housed by the Emperor Qin Shihuang's Mausoleum Site Park

此类俑出土于秦始皇兵马俑二号坑弩兵阵的阵心部位。其动作与文献记载的善射者的动作相同，说明秦步兵的跪射动作已经规范化。

Bu tür heykeller, Yeraltı Heykelleri Ordusu'nun keşfedildiği üç çukurun ikincisinde okçu birliğinin ortasında bulunuyor. Bu tür heykellerin hareketleri, tarihi kitaplarında yazılan okçuların hareketleriyle aynıdır. Bu, Qin İmparatorluğu'nun piyade birliğine bağlı askerlerin tek dizleri üzerinde ok atma eğitimi gördüklerini gösteriyor.

### 铠甲将军陶俑

秦（公元前221年—前206年）
高195厘米
1980年陕西西安临潼秦始皇兵马俑一号坑出土
秦始皇帝陵博物院藏

### Zırhlı General Heykeli

Qin hanedanı dönemi (M.Ö 221- M.Ö 206)
Yüksekliği: 195 cm
Shan'anxi eyaletine bağlı Xi'an kentinin Lintong semtinde
yer alan Yeraltı Heykeller Ordusu'nun keşfedildiği üç
çukurun birincisinden 1980 yılında çıkarıldı
Bulunduğu Yer: Qin Shihuang Mezarlığı Müzesi

### Terra-cotta Figure of an Armored General

Qin Dynasty (221BC-206BC)
195 cm in height
Unearthed from pit one of the mausoleum of Qin Shi Huang
in Lintong District, Xi'an, Shaanxi province in 1980
Housed by the Emperor Qin Shihuang's Mausoleum Site Park

此俑是秦俑军阵中目前发现的等级最高的军官俑。俑作双手按剑状，其佩兵器一般应为剑，统领常备军或某个兵种。

Bu heykel, Yeraltı Heykeller Ordusu'nda keşfedilen rütbesi en yüksek generaldir. Heykelin iki eli kılıç tutuyor. General, asker birliğe komuta ederdi.

驭手陶俑

秦（公元前221年－前206年）

高189厘米

1990年陕西西安临潼秦始皇兵马俑一号坑出土

秦始皇帝陵博物院藏

### Savaş Arabası Kullanıcısı Heykeli

Qin Hanedanı dönemi (M.Ö 221- M.Ö 206)

Yüksekliği: 189 cm

Shan'anxi eyaletine bağlı Xi'an kentinin Lintong semtinde
yer alan Yeraltı Heykeller Ordusu'nun keşfedildiği üç
çukurun birincisinden 1990 yılında çıkarıldı

Bulunduğu Yer: Qin Shihuang Mezarlığı Müzesi

### Terra-cotta Figure of a Military Driver

Qin Dynasty (221BC-206BC)

189 cm in height

Unearthed from pit one of the mausoleum of Qin Shi Huang
in Lintong District, Xi'an, Shaanxi province in 1990

Housed by the Emperor Qin Shihuang's Mausoleum Site Park

此俑是秦俑军阵中驾驶战车者。古代战争中战车的杀伤力极强，因而驭手在古代战争中地位非常重要，甚至直接关系着战争的胜负。

Bu topraktan asker, savaş arabasını kullananlardan biridir. Antik dönemde savaş arabası ve araba kullanıcısı, savaşlarda çok önemli rol oynuyordu, hatta savaşın sonucunu etkilerdi.

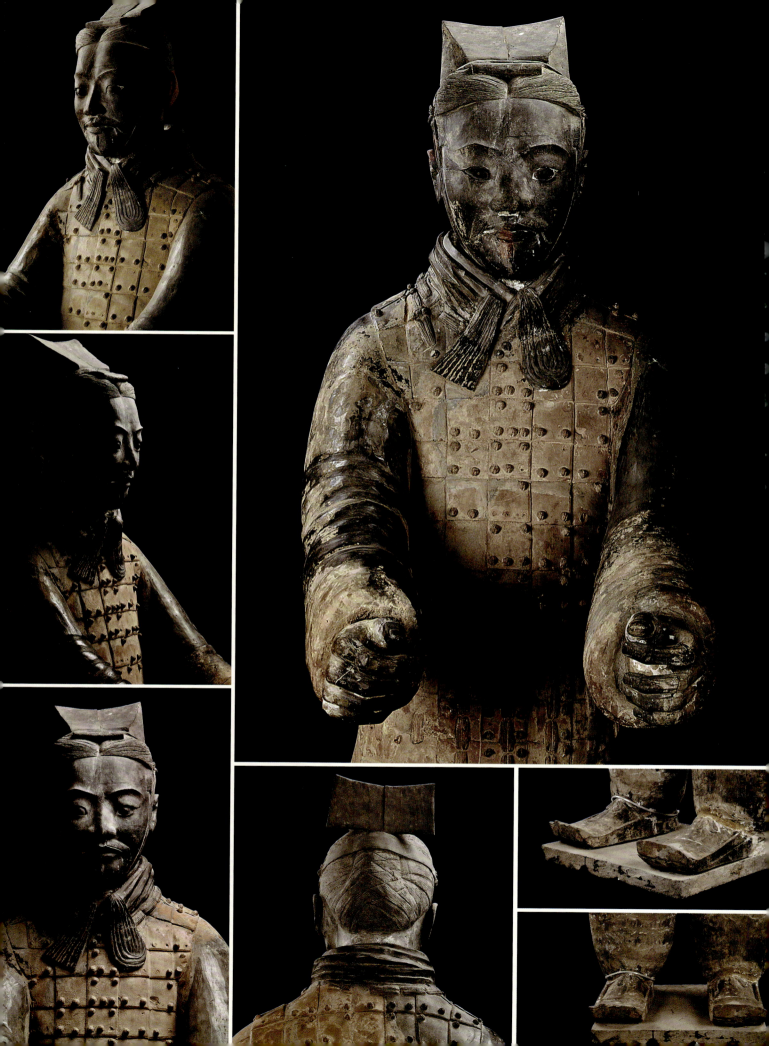

铠甲武士陶俑

秦（公元前221年－前206年）
高182厘米
1987年陕西西安临潼秦始皇兵马俑一号坑出土
秦始皇帝陵博物院藏

### Terra Cotta Zırhlı Asker Heykeli

Qin Hanedanı dönemi (M.Ö 221- M.Ö 206 )
Yüksekliği: 182 cm
Shan'anxi eyaletine bağlı Xi'an kentinin Lintong semtinde
yer alan Yeraltı Heykeller Ordusu'nun keşfedildiği üç
çukurun birincisinden 1987 yılında çıkarıldı
Bulunduğu Yer: Qin Shihuang Mezarlığı Müzesi

### Terra-cotta Figure of an Armored Warrior

Qin Dynasty (221BC-206BC)
182 cm in height
Unearthed from pit one of the mausoleum of Qin Shi Huang
in Lintong District, Xi'an, Shaanxi province in 1987
Housed by the Emperor Qin Shihuang's Mausoleum Site Park

此类俑多位于军阵的主体部位。模拟秦军阵中武士的装束，适合与敌兵近距离格斗。

Bu tür askerler, savaşta askeri birliğin ana gücünü oluşturuyordu. Zırhlı asker, düşmanla yakın mesafede savaşabilirdi.

陶挽马

秦（公元前221年－前206年）
高174、长218、厚44厘米
1977年陕西西安临潼秦始皇兵马俑二号坑出土
秦始皇帝陵博物院藏

**Savaş Arabası Çeken At**

Qin Hanedanı dönemi (M.Ö 221- M.Ö 206)
Yüksekliği: 174 cm, Uzunluğu: 218 cm, Kalınlığı: 44 cm
Shan`anxi eyaletine bağlı Xi'an kentinin Lintong semtinde
yer alan Yeraltı Heykeller Ordusu'nun keşfedildiği üç
çukurun ikincisinden 1977 yılında çıkarıldı
Bulunduğu Yer: Qin Shihuang Mezarlığı Müzesi

### Terra-cotta Figure of an Armored Horse

Qin Dynasty (221BC-206BC)
174 cm in height, 218 cm in length and 44 cm in thickness
Unearthed from pit two of the mausoleum of Qin Shi
Huang in Lintong District, Xi'an, Shaanxi province in 1977
Housed by the Emperor Qin Shihuang's Mausoleum Site Park

**秦**兵马俑坑中出土的陶马
有两种，一种是驾车的
挽马，一种是骑兵骑乘的鞍
马。此件陶马是一件挽马的形
象。马腹部左右侧各有一圆形
工作洞。

Yeraltı Heykeller Ordusu'nun
keşfedildiği çukurlarda iki çeşit at
bulundu. Biri savaş arabasını çeken
at, diğeri ise savaş atıdır. Bu heykel,
savaş arabasını çeken attır. Atın sağ
ve sol iki tarafında birer delik vardır.

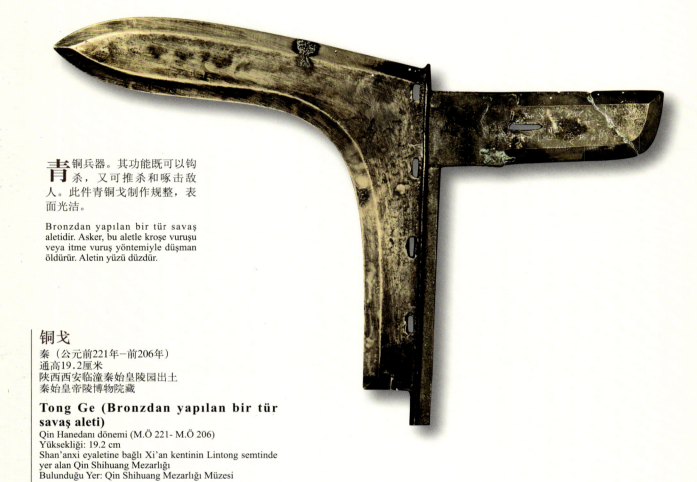

青铜兵器。其功能既可以钩杀，又可推杀和啄击敌人。此件青铜戈制作规整，表面光洁。

Bronzdan yapılan bir tür savaş aletidir. Asker, bu aletle kroşe vuruşu veya itme vuruş yöntemiyle düşman öldürür. Aletin yüzü düzdür.

## 铜戈

秦（公元前221年－前206年）
通高19.2厘米
陕西西安临潼秦始皇陵园出土
秦始皇帝陵博物院藏

### Tong Ge (Bronzdan yapılan bir tür savaş aleti)

Qin Hanedanı dönemi (M.Ö 221- M.Ö 206)
Yüksekliği: 19.2 cm
Shan'anxi eyaletine bağlı Xi'an kentinin Lintong semtinde yer alan Qin Shihuang Mezarlığı
Bulunduğu Yer: Qin Shihuang Mezarlığı Müzesi

### Bronze Spear

Qin Dynasty (221BC-206BC)
19.2 cm in height
Unearthed from the mausoleum of Qin Shi Huang in Lintong District, Xi'an, Shaanxi province in 1977
Housed by the Emperor Qin Shihuang's Mausoleum Site Park

青铜兵器。类属古代长兵器，用以刺杀。铍身有刻铭，记录了铸造年代、工匠、编号。铜铍起源于春秋，盛行于秦汉。西汉后铁铍逐渐取代铜铍。

Bronzdan yapılan bir tür savaş aletidir. Asker, bu aleti kılıç gibi kullanarak düşmanı öldürür. Aletin gövdesinde yapım yılı, yapan kişi ve yapım numarası yazılıdır. İlkbahar-Sonbahar döneminde ortaya çıkan Tong Pi Qin ve Han Hanedanları dönemlerinde yaygın olarak kullanıldı. Batı Han Hanedanı döneminden sonra Tong Pi'nin yerine demirden yapılan Tie Pi kullanılmaya başlandı.

### "寺工" 铜铍

秦（公元前221年－前206年）
通长35.3、铍身长23.1厘米
1984年陕西西安临潼秦始皇兵马俑一号坑出土
秦始皇帝陵博物院藏

### "Si Gong" Adlı Tong Pi (Bronzdan yapılan bir tür savaş aleti)

Qin Hanedanı dönemi (M.Ö 221- M.Ö 206)
Uzunluğu: 35.3 cm, Gövde uzunluğu: 23.1 cm
Shan'anxi eyaletine bağlı Xi'an kentinin Lintong semtinde yer alan Yeraltı Heykeller Ordusu'nun keşfedildiği üç çukurun birincisinden 1984 yılında çıkarıldı
Bulunduğu Yer: Qin Shihuang Mezarlığı Müzesi

### "Sigong" Bronze Pike

Qin Dynasty (221BC-206BC)
35.3 cm long in general, with the pike head being 23.1 cm long
Unearthed from pit one of the mausoleum of Qin Shi Huang in Lintong District, Xi'an, Shaanxi province in 1984
Housed by the Emperor Qin Shihuang's Mausoleum Site Park

## 凤纹陶瓦当

秦（公元前221年−前206年）
面径15.5、边轮宽0.95、厚2厘米
征集品
秦始皇帝陵博物院藏

**建**筑构件。瓦当为檐头筒瓦
前端的遮挡，亦能起到装
饰作用。此瓦当圆形，面饰一
身体弯屈的凤鸟。

İnşaat malzemesidir. Oluklu çatıyı
oluşturan kiremitlerin her sırasının
başındaki ilk kiremittir. Saçak
kiremidi, çatıyı korumanın yanı sıra
süs işlevi görür. Bu yuvarlak saçak
kiremidinde bir anka kuşu deseni
bulunuyor.

### Anka Kuşu Desenli Seramik Saçak Kiremidi

Qin Hanedanı dönemi (M.Ö 221- M.Ö 206)
Çapı: 15.5 cm, Genişliği: 0.95 cm, Kalınlığı: 2 cm
Özel koleksiyon
Bulunduğu Yer: Qin Shihuang Mezarlığı Müzesi

### Ancient Ceramic Eaves Tile with Phoenix Design

Qin Dynasty (221BC-206BC)
15.5 cm in diameter, 2 cm in thickness with a 0.95
cm wide margin
Housed by the Emperor Qin Shihuang's Mausoleum
Site Park

# 汉宫风仪

## HAN HANEDANI DÖNEMİNDE ÇİN'İN İHTİŞAMI
## THE SPLENDOR OF CHINA DURING THE HAN DYNASTY

　　汉朝从西汉至东汉，前后延续了四百余年，是一个持续稳定强盛的王朝。汉初实行"与民休息"的政策，汉文帝和汉景帝时期，政治清明，国家安定，经济繁荣，百姓富足，史称"文景之治"。展览中汉景帝阳陵出土的陶俑、陶动物、生活用器、瓦当、车马器等各类珍贵文物从历史价值和艺术层面，再现了西汉王朝安逸悠闲的社会生活和深厚的文化底蕴。汉武帝统治时期，因社会稳定、政权巩固，遂大举反击匈奴，不断向周边地区拓展，派遣张骞出使西域，不仅沟通了西汉与西域各族的关系，还开通了丝绸之路，使东西方的文化得到交流与融合。

Batı Han Hanedanı'ndan Doğu Han Hanedanı'na kadar 400 yıldan fazla geçti. Han Hanedanı, sürekli istikrar sağlayan güçlü bir yönetimdi. Han Hanedanı'nın ilk döneminde "halka barış ve güvenlik" politikası uygulandı. İmparator Wendi ve Jingdi dönemlerinde, siyasi bakımdan istikrar sağlandı, ekonomi gelişti ve halk zenginleşti. Tarihte bu dönem "Wen-Jing Saltanat Dönemi" olarak adlandırılıyor.

Sergilenen, Han Hanedanı İmparator Jingdi Mezarı'nda çıkarılan pişmiş topraktan asker figürleri, Terra Cotta hayvan figürleri, günlük yaşamda kullanılan eşyalar, kiremitler ve at arabaları gibi çeşitli değerli tarihi eserler, tarihi değer ve sanat bakımlarından Batı Han Hanedanı döneminde halkın huzurlu ve rahat bir yaşam geçirdiğini gösteriyor ve derin kültürel birikimi yansıtıyor. İktidarın güçlü olduğu ve toplumun istikrara kavuştuğu imparator Wudi döneminde, Hunların saldırıları püskürtülerek topraklar komşu bölgelere genişlendi. Wudi, aynı zamanda Zhang Qian'ı elçi olarak Batı Bölgeleri'ne gönderdi. Böylece Batı Han ile Batı Bölgeleri'nde yaşayan farklı etnik gruplar arasındaki ilişkilerin güçlenmesinin yanı sıra, İpek Yolu'nun açılmasıyla Batı ve Doğu kültürlerinin kaynaşması sağlandı.

筑构件。瓦当为檐头筒瓦前端的遮挡，亦能起到装饰作用。泥质灰陶，圆形，当面用不穿过当心的双十线等分为四区，每区为一个篆体字，合为"长乐未央"。

İnşaat malzemesidir. Oluklu çatıyı oluşturan kiremitlerin her sırasının başındaki ilk kiremittir. Saçak kiremidi, çatıyı korumanın yanı sıra süs işlevine sahiptir. Gri seramikten yapılan bu yuvarlak saçak kiremidinde ikişer çizgi deseni, dört yanından ortasına kadar uzanıyor ve sekiz çizginin tam birleşeceği yerde duruyor. Çizgilerle dört bölüme ayrılan saçak kiremidinin her bölümünde birer Çince karakter oyulmuştur. Dört karakter "Chang Le Wei Yang", sonsuza kadar mutluluk anlamına geliyor.

汉（公元前206年－公元220年）
当径19、边轮宽1.5、厚2.5厘米
1997年陕西咸阳汉阳陵南阙门遗址出土
汉阳陵博物馆藏

### "Chang Le Wei Yang" Yazılı Saçak Kiremidi

Han Hanedanı dönemi (M.Ö 206- M.S 220)
Çapı: 19 cm, Kenarı Genişliği: 1.5 cm, Kalınlığı: 2.5 cm
Shan'anxi eyaletine bağlı Xianyang kentinde yer alan Hanyang Mezarlığı'ndaki Nan Que Kapısı Kalıntısı'ndan 1997 yılında çıkarıldı
Bulunduğu Yer: Han Yangling Müzesi

### "Changleweiyang" Ceramic Eaves Tile

Han Dynasty (206BC-220AD)
19 cm in diameter, 2.5 cm in thickness with a 1.5 cm wide margin
Unearthed from the Hanyang mausoleum in Xianyang, Shaanxi province in 1997
Housed by the Hanyangling Museum

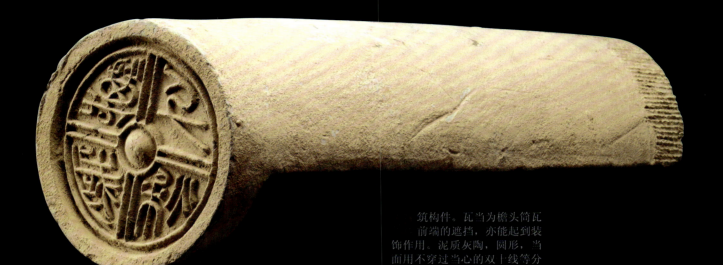

筑构件。瓦当为檐头筒瓦
前端的遮挡，亦能起到装
饰作用。泥质灰陶，圆形，当
面用不穿过当心的双十线等分
为四区，每区一个篆体字合为
"千秋万岁"。

İnşaat malzemesidir. Oluklu çatıyı
oluşturan kiremitlerin her sırasının
başındaki ilk kiremittir. Saçak
kiremidi, çatıyı korumanın yanı
sıra süs olarak da kullanılır. Gri
seramikten yapılan bu yuvarlak saçak
kiremidinde ikişer çizgi deseni, dört
yanından ortasına kadar uzanıyor
ve sekiz çizginin tam birleşeceği
yerde duruyor. Çizgilerle dört
bölüme ayrılan saçak kiremidinin
her bölümünde birer Çince karakter
oyulmuştur. Dört karakter "Qian Qiu
Wan Sui", sonsuza kadar yaşasın
anlamına geliyor.

"千秋万岁"瓦瓦当
汉（公元前206年-公元220年）
长57.5、当径18.6、厚3.5厘米
1997年陕西咸阳汉阳陵南阙门遗址出土
汉阳陵博物馆藏

**"Qian Qiu Wan Sui" Yazılı Saçak Kiremidi**
Han Hanedanı dönemi (M.Ö 206- M.S 220)
Uzunluğu: 57.5 cm, Çapı: 18.6 cm, Kalınlığı: 3.5 cm
Shan'anxi eyaletine bağlı Xianyang kentinde yer alan
Hanyang Mezarlığı'ndaki Nan Que Kapısı Kalıntısı'ndan
1997 yılında çıkarıldı
Bulunduğu Yer: Han Yangling Müzesi

**"Qianqiuwansui" Ceramic Eaves Tile**
Han Dynasty (206BC-220AD)
57.5 cm in length, 3.5 cm in thickness and 18.6 cm in diameter
Unearthed from the Hanyang mausoleum in Xianyang,
Shaanxi province in 1997
Housed by the Hanyangling Museum

葬明器。此俑制作精致，
躯体线条流畅优美，颇显
人物仪态之端庄。

Mezar buluntusu. Son derece güzel
yapılmış bu seramik asker figürü,
akıcı beden çizgisine sahiptir ve çok
zarif görünür.

铠衣式陶立俑
汉（公元前206年-公元220年）
通高57厘米
1992年陕西咸阳汉武帝茂陵陪葬坑出土
陕西省考古研究院藏

**Ayakta Duran Adam**
Han Hanedanı dönemi (M.Ö 206-M.S 220)
Uzunluğu: 57cm
1992 yılında Shaanxi eyaletinin Xianyang kentindeki Han
Wu İmparatoru Mao Mezarlığı kapsamındaki eşlik eşyaları
mezarından çıkartıldı
Bulunduğu Yer: Shaanxi Eyaleti Arkeoloji Enstitüsü

**Colored Drawing Pottery Figure**
Han Dynasty (206BC-220AD)
57 cm in height
Unearthed from the Maoling mausoleum in Xianyang,
Shaanxi province in 1992
Housed by the Shaanxi Provincial Institute of Archaeology

踞坐乐伎陶俑
汉（公元前206年—公元220年）
高33.5、宽18.6厘米
1992年陕西咸阳汉阳陵建筑遗址出土
汉阳陵博物馆藏

随 葬明器。泥质灰陶，通体
施彩，踞坐状。身着三层
立领右衽粉彩长袍。面部施赭
彩，双手施粉彩，双臂上屈，
做半握状。

Mezar buluntusu. Gri seramikten
yapılan bu adam modelinin tüm
vücudu boyanmıştır ve diz çökerek
oturmaktadır. Üç kat yakalı, sol
yakanın sağ yaka üstüne kapandığı
ve renkli boyanmış uzun elbise
giyen adamın yüzü, koyu kahverengi
renktedir. İki elinde de renkli boya
bulunmaktadır. Adamın elleri müzik
aleti çalar gibi kıvrılmıştır.

**Diz Çökerek Oturan Müzisyen**
Han Hanedanı dönemi (M.Ö 206-M.S 220)
Boyu: 33.5 cm, Genişliği: 18.6 cm
1992 yılında Shaanxi eyaletinin Xianyan kentindeki
Hanyang Mezarlığı'nda bulundu
Bulunduğu Yer: Han Yangling Müzesi

**Kneeling Pottery Figure of a Musician**
Han Dynasty (206BC-220AD)
33.5 cm in height and 18.6 cm in width
Unearthed from the Hanyang mausoleum in Xianyang,
Shaanxi province in 1992
Housed by the Hanyangling Museum

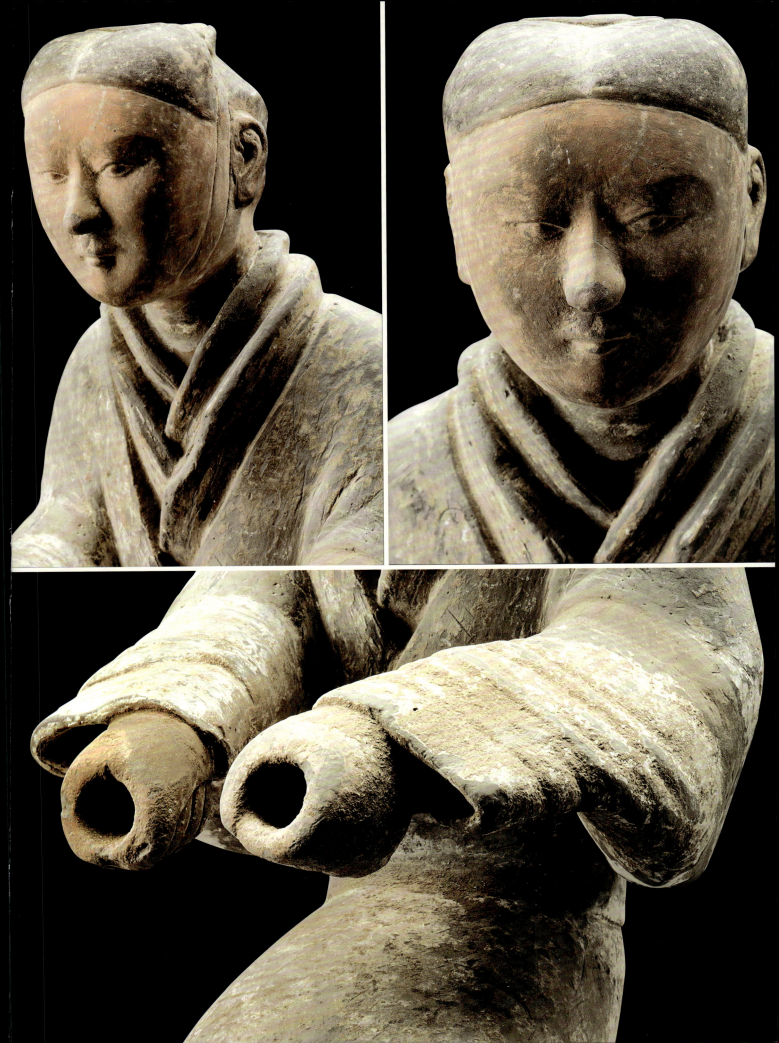

## 铠甲武士陶俑

汉（公元前206年－公元220年）
高57.8、身宽15.7厘米
1992年陕西咸阳汉阳陵南区从葬坑出土
汉阳陵博物馆藏

### Seramik Zırhlı Asker

Han Hanedanı dönemi (M.Ö 206-M.S 220)
Boyu: 57.8 cm, Genişliği: 15.7 cm
1992 yılında Shaanxi eyaletine bağlı Xianyang kentindeki
Hanyang Mezarlığı'nın güney bölümünde yer alan eşlik
eşyaları mezarından çıkarıldı
Bulunduğu Yer: Han Yangling Müzesi

### Pottery Figure of an Armored Warrior

Han Dynasty (206BC-220AD)
57.8 cm in height and 15.7 cm in width
Unearthed from the Hanyang mausoleum in Xianyang,
Shaanxi province in 1992
Housed by the Hanyangling Museum

随葬明器。此俑为泥质灰陶，通体施彩，陶塑躯干，木质胳膊，身穿丝织或麻纺战袍，战袍外再披挂由木片或皮革制作的铠甲。陶俑的战袍与铠甲因年代久远均已腐朽，留有铠甲和胳膊的痕迹。

Mezar buluntusu. Bütün vücudu boyalı askerin gövdesi seramikten, kolları ise ahşaptan yapılmıştır. Asker içte ipek ve keten elbise, dışında da ahşap parçalar veya deriden yapılmış zırh giyiyor. Elbise ve zırh zamanla çürümüştür.

### 彩绘陶公鸡

汉（公元前206年－公元220年）
高15、长15.5、厚6厘米
2002年陕西咸阳汉阳陵帝陵东侧从葬坑出土
陕西省考古研究院藏

### Renkli Seramik Horoz

Han Hanedanı dönemi (M.Ö 206-M.S 220)
Yüksekliği: 15 cm, Uzunluğu: 15.5 cm, Genişliği: 6 cm
2002 yılında Shaanxi eyaletine bağlı Xianyang kentindeki
Hanyang Mezarlığı'nın doğu bölgesindeki eşlik eşyaları
mezarında bulundu
Bulunduğu Yer: Shaanxi Eyaleti Arkeoloji Enstitüsü

### Color-Painted Ceramic Rooster

Han Dynasty (206BC-220AD)
15 cm in height ,15.5 cm in length and 6 cm in thickness
Unearthed from the Hanyang mausoleum in Xianyang,
Shaanxi province in 2002
Housed by the Shaanxi Provincial Institute of Archaeology

随葬明器。中国古代有所
谓"六畜"的说法，即
猪、马、牛、羊、鸡、狗六
种动物。这两件陶鸡反映出
汉代畜牧业的发达和陶塑艺
术的水准。

Mezar buluntusu. Çin'in eski çağlarında
domuz, at, sığır, koyun, tavuk ve köpek
olmak üzere "altı kümes hayvanı"
diye bir söz vardı. Bu seramik horoz,
Han Hanedanı döneminde hayvancılık
sektörünün ve seramik sanatının
yüksek seviyesini yansıtıyor.

### 彩绘陶母鸡

汉（公元前206年－公元220年）
高12、长15厘米
2002年陕西咸阳汉阳陵帝陵东侧从葬坑出土
陕西省考古研究院藏

### Renkli Seramik Tavuk

Han Hanedanı dönemi (M.Ö 206-M.S 220)
Yüksekliği: 12 cm, Uzunluğu: 15 cm
2002 yılında Shaanxi eyaletine bağlı Xianyang kentindeki
Hanyang Mezarlığı'nın doğu bölgesindeki eşlik eşyaları
mezarında bulundu
Bulunduğu Yer: Shaanxi Eyaleti Arkeoloji Enstitüsü

### Color-Painted Ceramic Hen

Han Dynasty (206BC-220AD)
12 cm in height and 15 cm in length
Unearthed from the Hanyang mausoleum in Xianyang,
Shaanxi province in 2002
Housed by the Shaanxi Provincial Institute of Archaeology

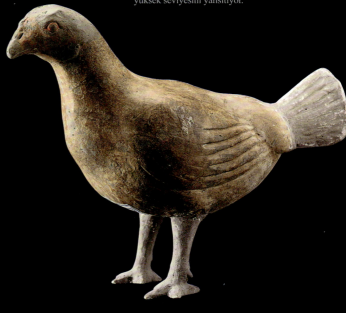

彩绘陶牛
汉（公元前206年－公元220年）
高39、长70、宽24厘米
1992年陕西咸阳汉阳陵陪葬墓园出土
汉阳陵博物馆藏

**Renkli Seramik Sığır**

Han Hanedanı dönemi (M.Ö 206-M.S 220)
Yüksekliği: 39 cm, Uzunluğu: 70 cm, Genişliği: 24 cm
1992 yılında Shaanxi eyaletinin Xianyang kentindeki
Hanyang Mezarlığı'na bağlı eşlik eşyaları mezarında
bulundu
Bulunduğu Yer: Han Yangling Müzesi

**Color-Painted Ceramic Cow**

Han Dynasty (206BC-220AD)
39 cm in height , 70 cm in length and 24 cm in width
Unearthed from the Hanyang mausoleum in Xianyang,
Shaanxi province in 1992
Housed by the Hanyangling Museum

**随**葬明器。泥质灰陶。犄
角和尾巴为木质，已
朽。根据研究所知，阳陵出土
的这类陶牛是供墓主人在阴间
食用的畜类。

Mezar buluntusu. Gri seramikten
yapılan sığırın boynuzları ve kuyruğu
ahşaptan yapılmıştır ve zamanla
çürümüştür. Araştırmalara göre,
Hanyang Mezarlığı'nda bulunan
benzeri seramik sığırlar, mezarlık
sahibinin öbür dünyada yemesi için
hazırlanmıştır.

**照**明工具。灯为青铜质，分上、中、下三部分。上部为圆形浅盘，内有灯钎；喇叭形底座，座上饰有四蒂纹，内填变形云纹。

Aydınlatma aleti. Bakır lambanın üst, orta ve alt olmak üzere üç bölümü vardır. Lambanın üst bölümünde yuvarlak bir tabak içinde destek pimi bulunuyor; müzik aleti biçimindeki lamba altlığı üzerinde çanak ile bulut desenleri vardır.

### 带柄铜灯

汉（公元前206年－公元220年）
高9、口径7.3厘米
征集品
咸阳博物馆藏

### Saplı Bakır Lamba

Han Hanedanı dönemi (M.Ö 206-M.S 220)
Yüksekliği: 9 cm, Ağız çapı: 7.3 cm
Özel koleksiyon
Bulunduğu Yer: Xianyang Müzesi

### Stemmed Bronze Lamp

Han Dynasty (206BC-220AD)
9 cm in height and 7.3 cm in diameter
Housed by the Xianyang Museum

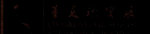

汉 （公元前206年–公元220年）
1：直径18.6、厚0.6厘米
2：直径18.8、厚0.65厘米
1997年陕西咸阳汉阳陵陪葬墓园出土
汉阳陵博物馆藏

**Bakır Aynalar**
Han Hanedanı dönemi (M.Ö 206–M.S 220)
Çapları: 18.6 cm ve 18.8 cm, Kalınlıkları: 0.6 cm ve 0.65 cm
1997 yılında Shaanxi eyaletinin Xianyang kentindeki
Hanyang Mezarlığı'na bağlı eşlik eşyaları mezarında
bukundu
Bulunduğu Yer: Han Yangling Müzesi

**Bronze Mirror**
Han Dynasty (206BC–220AD)
18.6 cm in diameter and 0.6 cm in thickness; 18.8 cm in
diameter and 0.65 cm in thickness
Unearthed from the Hanyang mausoleum in Xianyang,
Shaanxi province in 1997
Housed by the Hanyangling Museum

用以照容的生活用具。铜镜一般为圆形，正面光亮照人，背面用图案和文字装饰。

1：铜质。镜背缘装饰有连弧纹、带状斜线纹、宽带斜线纹，外围有一圈篆体文字。

2：铜质。镜背以四乳钉分为四等区，每区有一个四神图案。"四神"指青龙、白虎、朱雀和玄武，是中国古代人民喜爱的吉祥物。

Bir çeşit günlük kullanım eşyası. Genel olarak yuvarlak biçimde yapılan bakır aynaların ön tarafı bakmak için kullanılırdı, arka tarafı ise desen veya yazılarla süslenirdi.

1: Bakır ayna. Aynanın arkasında birbirine bağlı yay çizgiler ile şerit biçimindeki eğik çizgiler dışında, kenarında "Zhuan" tarzıyla yazılmış bir daire karakter görünür.

2: Bakır ayna. Aynanın arkası dört çiviyle dört bölüme ayrılmıştır ve her bölümde birer kutsal hayvan imajı bulunuyor. Bu dört kutsal hayvan kara ejderha, beyaz kaplan, çütre ve Xuanwu (efsanevi bir hayvan) Çin'in eski çağlarında halk arasında uğurlu kabul edilerek çok sevildi.

铜熏炉

汉（公元前206年-公元220年）
高16、口径11.5、底盘径21.9厘米
1997年陕西咸阳汉阳陵陪葬墓园出土
汉阳陵博物馆藏

**Bakır Tütsü Kabı**

Han Hanedanı dönemi (M.Ö 206-M.S 220)
Yüksekliği: 16 cm, Ağız çapı: 11.5 cm, Altlık çapı: 21.9 cm
1997 yılında Shaanxi eyaletinin Xianyang kentindeki
Hanyang Mezarlığı'na bağlı eşlik eşyaları mezarında
keşfedildi
Bulunduğu Yer: Han Yangling Müzesi

**Bronze Sandalwood Burner**

Han Dynasty (206BC-220AD)
16 cm in height, 11.5 cm in top diameter and 21.9 cm in
bottom diameter
Unearthed from the Hanyang mausoleum in Xianyang,
Shaanxi province in 1997
Housed by the Hanyangling Museum

用来熏香和取暖的炉子。
此器黄铜质，分盖、炉
体和底盘三部分。盖为镂空透
雕式。

Tütsü yakmak veya ısınmayı sağlamak
için kullanılan kap. Bakırdan yapılan
bu tütsü kabı kapak, kap gövdesi
ve altlık olmak üzere üç bölümden
oluşuyor. Kapak üzerindeki desenler,
delik açarak oyulmuştur.

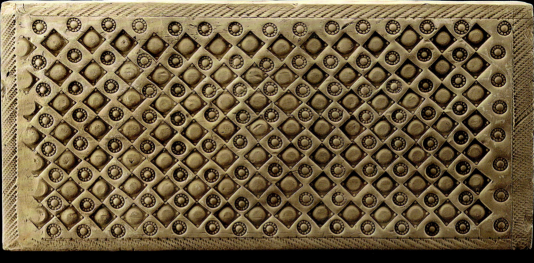

建 筑构件，广泛应用于宫
殿、官署和陵园等建筑。
此砖体现出汉代高超的陶艺制
作和烧造技术以及质朴的建筑
艺术风格。

Yapının bir parçası olarak, imparatorluk
sarayları, hükümet konakları ve
mezarlık gibi mimari yapılarda
kullanılır. Bu tuğla, Han Hanedanı
döneminin çok gelişmiş seramik yapım
tekniği ile sade mimari sanat tarzını
sergiler.

陶空心砖
汉（公元前206年–公元220年）
长92、宽45.2、厚12.5厘米
征集品
汉阳陵博物馆藏

### İçi Boş Seramik Tuğla
Han Hanedanı dönemi (M.Ö 206-M.S 220)
Uzunluğu: 92 cm, Genişliği: 45.2 cm, Kalınlığı: 12.5 cm
Özel koleksiyon
Bulunduğu Yer: Han Yangling Müzesi

### Ceramic Hollow Brick
Han Dynasty (206BC-220AD)
92 cm in length, 45.2 cm in width and 12.5 cm in thickness
Housed by the Hanyangling Museum

鎏金铜马镳
汉（公元前206年－公元220年）
长8.82厘米
1997年陕西咸阳汉阳陵陪葬墓园出土
汉阳陵博物馆藏

**Mabiao adlı altın kaplı bakır at donanımı.**
Han Hanedanı dönemi (M.Ö 206-M.S 220)
Uzunluğu: 8.82 cm
1997 yılında Shaanxi eyaletinin Xianyang kentindeki Hanyang
Mezarlığı'na bağlı eşlik eşyalar mezarında bulundu
Bulunduğu Yer: Han Yangling Müzesi

**Gilt Bronze Horse Harness**
Han Dynasty (206BC-220AD)
8.82 cm in length
Unearthed from the Hanyang mausoleum in Xianyang,
Shaanxi province in 1997
Housed by the Hanyangling Museum

马 具。马口中所衔铜具露出
　　在外的两头部分，通常有
绳索相系，以便控马。

Atın ağzında tutulan bakır donanımın
dışarda görülen iki ucundan atı
kontrol etmek için ip bağlanır.

鎏金铜马衔
汉（公元前206年－公元220年）
长12、宽1.8厘米
1997年陕西咸阳汉阳陵陪葬墓园出土
汉阳陵博物馆藏

**Maxian**
Han Hanedanı dönemi (M.Ö 206-M.S 220)
Uzunluğu: 12 cm, Genişliği: 1.8 cm
1997 yılında Shaanxi eyaletinin Xianyang kentindeki
Hanyang Mezarlığı'na bağlı eşlik eşyalar mezarında bulundu
Bulunduğu Yer: Han Yangling Müzesi

**Gilt Bronze Gag Bit**
Han Dynasty (206BC-220AD)
12 cm in length and 1.8 cm in width
Unearthed from the Hanyang mausoleum in Xianyang,
Shaanxi province in 1997
Housed by the Hanyangling Museum

**马**具。马衔是横在马口中以便驾驭的器件，由两节相连的铜条组成，两端各有圆环与马镳相接。

Altın kaplı bakır at donanımı. Maxian, atın ağzında tutulan birbirine bağlı iki bakır zincirden oluşur ve iki ucunda yer alan birer halkayla bağlanır. Bu donanım, altın kaplanan bakırdan yapılır.

鎏金铜盖弓帽

汉（公元前206年－公元220年）
长3.6、宽2、帽径1.6厘米
1997年陕西咸阳汉阳陵陪葬墓园出土
汉阳陵博物馆藏

### Gaigongmao

Han Hanedanı dönemi (M.Ö 206-M.S 220)
Uzunluğu: 3.6 cm, Genişliği: 2 cm, Büyük ucunun
çapı: 1.6 cm
1997 yılında Shaanxi eyaletinin Xianyang
kentindeki Hanyang Mezarlığı'na bağlı eşlik
eşyalar mezarında bulundu
Bulunduğu Yer: Han Yangling Müzesi

### Gilt Bronze Bow Cap

Han Dynasty (206BC-220AD)
3.6 cm in length, 2 cm in width with the cap being
1.6 cm in diameter
Unearthed from the Hanyang mausoleum in
Xianyang, Shaanxi province in 1997
Housed by the Hanyangling Museum

车上的零件。装套在车盖
弓骨的末端。盖弓帽主
要作用是起固定作用，也起装
饰作用。

Altın kaplı bakır araba parçası.
Gaigongmao, at arabasında
yerleştirilen şemsiyenin kaburgasının
ucunda kullanılır. Gaigongmao'nun
hem sağlamlaştırma, hem de süs
işlevi vardır.

鎏金铜车马器饰件

汉（公元前206年－公元220年）
长1.65、直径1.7厘米
1997年陕西咸阳汉阳陵陪葬墓园出土
汉阳陵博物馆藏

### At Arabasındaki Aksesuar

Han Hanedanı dönemi (M.Ö 206-M.S 220)
Uzunluğu: 1.65 cm, Çapı: 1.7 cm
1997 yılında Shaanxi eyaletinin Xianyang kentindeki
Hanyang Mezarlığı'na bağlı eşlik eşyalar mezarında
keşfedildi
Bulunduğu Yer: Han Yangling Müzesi

### Gilt Bronze Accessories on Chariots and Harnesses

Han Dynasty (206BC-220AD)
1.65 cm in length and 1.7 cm in diameter
Unearthed from the Hanyang mausoleum in
Xianyang, Shaanxi province in 1997
Housed by the Hanyangling Museum

车马上的装饰品。此器泡钉
形，顶有莲花纹。

At arabasında kullanılan altın kaplı
bakır aksesuar. Üzerinde nilüfer
çiçeği deseni bulunuyor.

### 鎏金铜衡末

汉（公元前206年－公元220年）
1：长2.3、直径1.3厘米
2：长2.3、直径1.28厘米
1997年陕西咸阳汉阳陵陪葬墓园出土
汉阳陵博物馆藏

### Hengmo

Han Hanedanı dönemi (M.Ö 206-M.S 220)
Uzunlukları: 2.3 cm ve 2.3 cm, Çapları: 1.3 cm ve 1.28 cm
1997 yılında Shaanxi eyaletinin Xianyang kentindeki Hanyang
Mezarlığı'na bağlı eşlik eşyalar mezarında keşfedildi
Bulunduğu Yer: Han Yangling Müzesi

### Gilt Bronze Wares Decorated on a Thill

Han Dynasty (206BC-220AD)
2.3 cm in length and 1.3 cm in diameter; 2.3 cm in length
and 1.28 cm in diameter
Unearthed from the Hanyang mausoleum in Xianyang,
Shaanxi province in 1997
Housed by the Hanyangling Museum

车 上的零件。衡是战车前端装的横杠，衡的两头套上衡末，起保护和装饰作用。

Altın kaplı bakır at arabası parçası. Hengmo, savaş arabası önünde enlemesine bulunan sırığın iki ucuna yerleştirilerek, hem sağlamlaştırma, hem de süs işlevi görür.

### 鎏金铜车轙

汉（公元前206年－公元220年）
长3.14、宽3.04、厚0.42厘米
1997年陕西咸阳汉阳陵陪葬墓园出土
汉阳陵博物馆藏

### Cheyi

Han Hanedanı (M.Ö 206-M.S 220)
Uzunluğu: 3.14cm, Genişliği: 3.04cm, Kalınlığı: 0.42cm
1997 yılında Shaanxi eyaletinin Xianyang kentindeki
Hanyang Mezarlığı'na bağlı eşlik eşyalar mezarında keşfedildi
Bulunduğu Yer: Han Yangling Müzesi

### Gilt Bronze Chariot Part

Han Dynasty (206BC-220AD)
3.14 cm in length, 3.04 cm in width and 0.42 cm in
thickness
Unearthed from the Hanyang mausoleum in Xianyang,
Shaanxi province in 1997
Housed by the Hanyangling Museum

车 上的零件。位于马车的车衡两侧，马口上的缰绳分别从四个轙孔中穿过到达驾车者手中，避免缰绳缠绕在一起。

Altın kaplı bakır at arabası parçası. Cheyi, at arabası önünde enine olarak bulunan sırığın iki ucunda yer alır. Atın ağzına bağlanan ipler dört Cheyi'deki deliklerden geçerek arabayı sürenin eline gelir, böylece ipler birbirine karışamaz.

# 第三单元
## ÜÇÜNCÜ BÖLÜM
### CHAPTER III

# 丝路繁盛 （420—960年）
## İPEK YOLU'NUN ALTIN ÇAĞI (420-960)
## THE GOLDEN AGE OF THE SILK ROAD (420-960)

公元前138年张骞出使西域，开辟了一条从长安（今陕西西安）到地中海各国的陆上商路，在通过这条漫漫长路进行贸易的货物中，中国的丝绸最具代表性，"丝绸之路"因此得名。

唐朝控制了丝绸之路上的西域和中亚的一些地区，并建立了稳定而有效的统治秩序，使得丝绸之路的沟通交流更加畅通。据载，东罗马帝国曾七次派遣使者到唐都长安，波斯、大食和中亚诸国商人都曾汇聚于此。长安在饮食、服饰、游戏、娱乐等方面都受到了西域文化影响，形成所谓"胡风"。其城内宫殿官署巍峨壮丽，东西两市贸易繁荣，街道里坊排列整齐，成为东西方文化汇集之地，是当时世界上著名的国际化大都市。南北朝至隋唐时期，佛教由于统治阶层的扶持而转入极盛，中国迎来了佛教开窟造像的高潮，此时期的造像遗存在中国雕塑史上占有重要地位。而佛教美术也对后世中国的建筑、雕塑、音乐等艺术产生了巨大影响。

丝绸之路不仅仅承担了古代亚欧之间的商贸活动，也促进了沿途各国的友好往来及多层次的文化交往，成为沟通东西方文明的桥梁。

M.Ö 138 yılında Zhang Qian, elçi olarak Batı Bölgeleri'ne gönderilerek Chang'an'dan (bugünkü Shan'anxi eyaletinin Xi'an kenti) Akdeniz ülkelerine ulaşan bir kara ticaret yolu açıldı. Bu uzun yolla ticareti yapılan malları Çin'de üretilen ipek temsil etti. "İpek Yolu" adı bundan kaynaklandı.

Tang Hanedanı yönetimi, İpek Yolu üzerinde Batı Bölgeleri'ni ve Orta Asya'daki bazı bölgeleri kontrol altına aldı ve istikrarlı ve etkili yönetim düzeni kurdu. Böylece İpek Yolu'yla iletişim ve temaslar daha rahat hale getirildi. Tarihi kayıtlara göre, Doğu Roma İmparatorluğu'ndan yedi defa Chang'an'a elçi gönderildi. İranlı ve Arap tüccarların yanı sıra Orta Asya ülkelerinin tüccarları da Chang'an kentinde toplandı. Tang Hanedanı döneminde, Chang'an yemekler, elbise ve süs eşyaları, oyunlar, eğlence ve mimarlık gibi konularda İran kültüründen etkilendi ve Batı usulü oluşturuldu. Tang Hanedanı döneminde Chang'an kentinde görkemli saray ve yöneticilerin çalıştığı binalar bulunuyordu, kentteki doğu ve batı pazarları iyi işliyordu. Kentte atölyeler düzenli şekilde dizilmişti. Doğu ve Batı kültürlerinin kaynaştığı yer olan Chang'an, "uluslararası merkez" haline geldi. Güney-Kuzey Hanedanı'ndan Sui ve Tang Hanedanlarına kadar Budizm, yöneticilerin desteğiyle gelişti. Çin'de mağaralarda Buda heykelleri yapma rüzgarı esti. Bu döneme ait heykeller, Çin'in heykelcilik tarihinde önemli yer tutuyor. Budizm sanatı, Çin'in sonraki mimarlık, heykel ve müzik gibi sanatları üzerinde büyük etki yaptı.

İpek Yolu, eski çağlarda Asya ile Avrupa arasındaki ticari faaliyetleri üstlenmenin yanı sıra, bu yol boyunca ülkeler arasındaki dostça temasları ve kültürel iletişimi yoğunlaştırdı. İpek Yolu, Doğu ve Batı uygarlıkları arasında temas köprüsü haline geldi.

# 丝路佛光

BUDİZM İPEK YOLU'YLA YAYILIŞI
THE SPREAD OF BUDDHISM VIA THE SILK ROAD

据载，东汉明帝夜梦金人，遂派使者去天竺求佛法。佛教最早就是沿丝绸之路从西北进入中国，逐渐由西北向内地传播。魏晋南北朝时期，以鸠摩罗什为代表，来自印度、中亚的佛教僧侣大量来到中国。除了对佛教艺术的直接影响，他们也为中国文化、生活的方方面面注入新的活力。

唐代丝路恢复繁盛，长安城内外寺院林立，玄奘讲经之所慈恩寺、供奉佛骨舍利的法门寺、武则天时期按照皇家寺院规制重建的庆山寺等都是当时的著名寺院。其中法门寺与庆山寺因供奉佛祖真身舍利而备受皇室恩宠，素有"东庆山，西法门"之说。从两寺的塔基地宫中曾出土举世罕见的珍宝，其中包含大量具有西域风格的精美器具。

Tarihi kayıtlara göre, Doğu Han Hanedanı İmparatoru Mingdi rüyasında Buda'yı görmüş ve Budizm kitaplarını Çin'e getirmek için Hindistan'a elçi göndermiş. Budizm, Çin'e ilk olarak İpek Yolu boyunca kuzeybatıdan getirildi. Sonra adım adım kuzeybatıdan ülkenin iç kesimlerine yayıldı. Wei, Jin ve Güney-Kuzey Hanedanları döneminde Kumarajiva'nın temsil ettiği Hindistan ve Orta Asya'dan çok sayıda rahip Çin'e geldi. Bu rahipler, Budist sanatı doğrudan etkilemenin yanı sıra Çin kültürüne ve toplumsal yaşama dinamizm kattı.

Tang Hanedanı döneminde İpek Yolu'nun gelişmesiyle, Chang'an kentinde çok sayıda tapınak bulunuyordu. Rahip Xuan-zang'ın Budizm doktrinlerini anlattığı Ci'en Tapınağı ve ölmüş rahiplerinin kemiklerinin saklandığı Famen Tapınağı, imparator Wu-ze-tian döneminde imparatorluk sarayına göre yapılan Qingshan Tapınağı zamanın tanınmış tapınaklarıydı. Famen ve Qingshan tapınaklarında, rahiplerin atalarının gerçek kemikleri saklanması nedeniyle imparatorlar tarafından büyük önem verildi. Halk arasında "doğuda Qingshan, batıda Famen tapınakları var" sözü çok yaygındı. Bu iki tapınağın temellerinin altından Batı Bölgeleri'ne özgü çok sayıda harika eser de dahil olmak üzere dünyaca nadir görülen değerli tarihi eserler çıkarıldı.

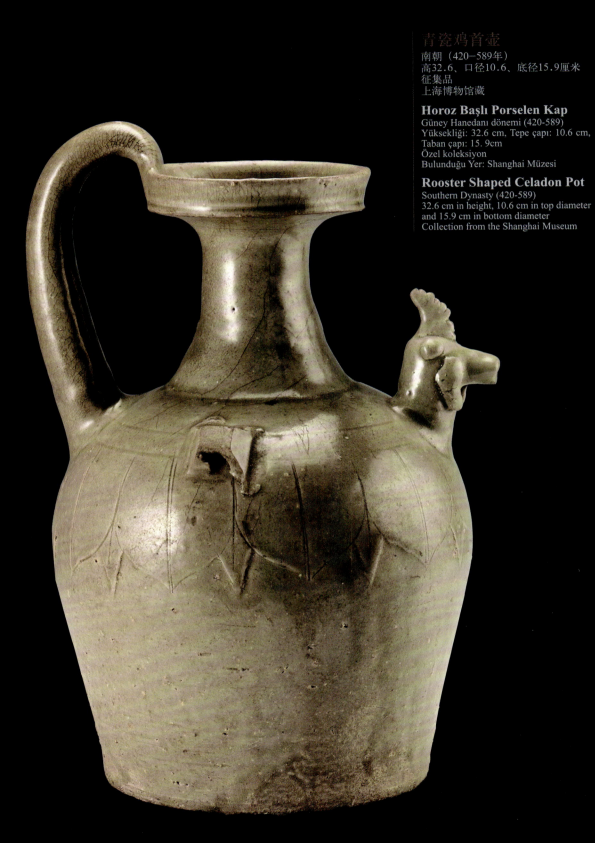

青瓷鸡首壶
南朝（420-589年）
高32.6、口径10.6、底径15.9厘米
征集品
上海博物馆藏

**Horoz Başlı Porselen Kap**
Güney Hanedanı dönemi (420-589)
Yüksekliği: 32.6 cm, Tepe çapı: 10.6 cm,
Taban çapı: 15. 9cm
Özel koleksiyon
Bulunduğu Yer: Shanghai Müzesi

**Rooster Shaped Celadon Pot**
Southern Dynasty (420-589)
32.6 cm in height, 10.6 cm in top diameter
and 15.9 cm in bottom diameter
Collection from the Shanghai Museum

鸡首壶，又称天鸡壶，因其流部呈鸡首状而得名，最早出现于西晋时期（265-316年）。此器弧形柄，鸡首流，肩部有划花莲瓣纹。

Kabın ismi, ağız bölümünün horoz başına benzemesinden gelir. Bu model ilk kez Batı Jin döneminde (265-316) görüldü. Kabın üstünde nilüfer çiçeği desenleri oyulmuştur.

石佛造像
东魏·武定八年（550年）
高40.2、宽25.1厘米
征集品
上海博物馆藏

**Taş Buda Heykeli**
Doğu Wei Hanedanının Wuding 8. Yılı (550)
Yüksekliği: 40.2 cm, Genişliği: 25.1 cm
Özel koleksiyon
Bulunduğu Yer: Shanghai Müzesi

**Stone Buddha Statue**
The eighth year of Emperor Wuding's reign
during the Eastern Wei Dynasty(550)
40.2 cm in height and 25.1 cm in width
Collection from the Shanghai Museum

尊佛施无畏与愿印，赤足立于莲花座上；两边的胁侍菩萨相对面立，身后背光线刻火焰纹。造像底座后部刻铭文。

Ortasındaki Buda, nilüfer çiçeği şeklindeki altlıkta çıplak ayaklarıyla durur; ona hizmet eden iki Buda ise iki yanında yüz yüze ayakta dururlar ve arkalarında alev deseni oyulmuştur. Altında ve arkasında da yazılar oyulmuştur.

菩萨头戴高耸的宝冠，冠前饰一化佛，此为观世音菩萨之像征。观世音菩萨是中国佛教四大菩萨之一，与大势至菩萨同为西方极乐世界阿弥陀佛之胁侍，世称"西方三圣"。是以慈悲救济众生为本愿的菩萨。

Guanyin Budası'nın başında yüksek bir taç takılıdır. Taç üzerinde oyulan Buda imajı, Guanyin Budası'nın sembolüdür. Guangyin Budası'na Çin Budizmi'ndeki dört büyük Buda'dan biri olarak, iyi kalpli ve dünyadaki insanlara yardım etmeye gönüllü olduğu için tapınılıyordu.

**石观世音菩萨造像**
隋（581-618年）
高148厘米
征集品
上海博物馆

**Taş Guanyin Budası Heykeli**
Sui Hanedanı dönemi (581-618)
Yüksekliği: 148 cm
Özel koleksiyon
Bulunduğu Yer: Shanghai Müzesi

**Stone Guangshiyin Statue**
Sui Dynasty (581-618)
148 cm in height
Collection from the Shanghai Museum

白石力士像

隋（581−618年）

高68厘米

1954年河北曲阳修德寺遗址出土

故宫博物院藏

**Beyaz Taş Buda Kabartması**

Sui Hanedanı dönemi (581-618)

Yüksekliği: 68 cm

1954 yılında Hebei eyaletinin Quyang ilçesindeki Xiude Tapınağı kalıntısında keşfedildi

Bulunduğu Yer: Yasak Kent Müzesi

## White Marble Statue of a Strong Man

Sui Dynasty (581 -618)

68 cm in height

Unearthed at the site of the Xiude Temple in Quyang, Hebei province in 1954

Housed by the Palace Museum

头戴宝冠，腹向石挺，右臂弯屈向上，左手握拳置于胯部，赤足立岩石上。修德寺遗址位于今河北曲阳，出土造像以白石造为主，当地信徒称黄山白石为玉，体现了崇玉的思想已浸透到了佛教造像中。

Güçlü adam başına taç takmış, göğsünü sağa dikmiş, sağ kolunu yukarıya bükmüş ve sol yumruğunu belinde tutmuş şekilde kaya üzerinde çıplak ayakla duruyor. Hebei eyaletinin Quyang ilçesindeki Xiude Tapınağı kalıntısından çıkartılan heykellerin çoğunluğu beyaz taştan yapılmıştır. Budizm'e inanan yerel halk beyaz taşı yeşim olarak kabul ediyor. İnsanların yeşime tapma düşüncesi Buda heykeltraşlığını da etkiledi.

两佛均圆形面庞，螺形发髻，佛身披双层袈裟，内着僧祇支。尖顶莲瓣形身光，其背后刻发愿文。多宝释迦即释迦多宝佛，其名出自《妙法莲华经》卷四《见宝塔品》。

Yuvarlak yüzlü her iki Budanın saçları deniz salyangozu kabuğu şeklinde yapılmış ve iki katlı Budist kıyafeti giymişler. Tepesi sivri nilüfer çiçeği şeklindeki altlık arkasında yeminler yazılıdır. Bu iki Buda Sakyamuni ve Prabhutaratna'dır.

唐（618−907年）
高38.5厘米
1954年河北曲阳修德寺遗址出土
故宫博物院藏

### Beyaz Taş Buda Kabartması

Tang Hanedanı dönemi (618-907)
Yüksekliği: 38.5 cm
1954 yılında Hebei eyaletinin Quyang ilçesindeki Xiude Tapınağı kalıntısında keşfedildi
Bulunduğu Yer: Yasak Kent Müzesi

### White Marble Buddhist Statue

Tang Dynasty (618 -907)
38.5 cm in height
Unearthed at the site of Xiude Temple in Quyang, Hebei province in 1954
Housed by the Palace Museum

瓶 腹装饰联珠围绕的倒垂莲各一朵，通体以黄釉做地。此器造型从西域金银器转化而来，反映了大唐盛世文化交融之繁盛，见证了丝绸之路络绎不绝的商旅交流。

Sarı boyalı vazonun göbeğinde altlı üstlü duran iki nilüfer çiçeği vardır. Bu vazonun modeli, eski çağlarda Çin'in batı bölgelerinde üretilen altın ve gümüş eşyalarından esinlenmiştir. Bu, Tang Hanedanı dönemindeki kültürlerin zenginliğini ve birbirleriyle kaynaşmasının yanı sıra, İpek Yolu'nda tüccarlar arasındaki yoğun değişimi yansıtıyor.

黄釉双耳扁瓶

唐（618-907年）
高18.8、口径6、底径10厘米
征集品
西安博物院藏

**Çift Kulaklı Vazo**

Tang Hanedanı dönemi (618-907)
Yüksekliği: 18.8 cm. Ağız çapı: 6 cm,
Taban çapı: 10 cm
Özel koleksiyon
Bulunduğu Yer: Xi'an Müzesi

**Yellow Glazed Flat Pot with Two Ears**

Tang Dynasty (618 -907)
18.8 cm in height, 6 cm in top diameter
and 10 cm in bottom diameter
Housed by the Xi'an Museum

唐（618－907年）
高5.8、口径18.3厘米
1972年陕西西安灞桥洪庆镇出土
西安博物院藏

器。银碗腹壁有一周微突起的棱线，作折腹状。折腹是西方陶器、金银器上较流行的作法，此碗反映了外来文化对中国的金银器形制的影响。

**Gümüş Kâse**

Tang Hanedanı dönemi (618-907)
Yüksekliği: 5.8 cm, Ağız çapı: 18.3 cm
1972 yılında Shaanxi eyaletinin Xi'an kentine bağlı Baqiao bölgesinde yer alan Hongqing kasabasında keşfedildi
Bulunduğu Yer: Xi'an Müzesi

Gümüş kâsenin göbeğinde sırt gibi dışa hafifçe çıkan bir daire çizgi var. Bu model, Batı dünyasında seramik ile altın ve gümüş eşyaların yapımında çok yaygındı. Bu kâse, yabancı kültürlerin Çin'deki altın ve gümüş eşya yapımına yönelik etkisini yansıtıyor.

**Silver Bowl**

Tang Dynasty (618-907)
5.8 cm in height and 18.3 cm in diameter
Unearthed at Hongqing county, Xian, Shaanxi province in 1972
Housed by the Xi'an Museum

酒器。银杯制造工艺复杂精细，推测当时可能已经使用简单车床对材料进行切削、抛光。

İçki taşımak için kullanılan bu gümüş bardağın yapım tekniği çok karmaşık ve zariftir. O dönemde malzemeleri kesmek ve cilalamak için basit torna tezgâhının kullanılmaya başlandığı tahmin ediliyor.

## 大银杯

唐（618−907年）
高9.5、口径13.6、足径6.2厘米
陕西西安长安祝村乡出土
西安博物院藏

### Gümüş bardak

Tang Hanedanı dönemi (618-907)
Yüksekliği: 9.5 cm, Ağız çapı: 13.6 cm, Taban çapı: 6.2 cm
Shaanxi eyaletinin Xi'an kentine bağlı Chang'an bölgesinde yer alan Zhucun köyünde keşfedildi
Bulunduğu Yer: Xi'an Müzesi

### Silver Cup

Tang Dynasty (618 -907)
9.5 cm in height, 13.6 cm in top diameter and 6.2 cm in bottom diameter
Unearthed at Zhucun village, Xian, Shaanxi province
Housed by the Xi'an Museum

佛教随葬品。银质，外壁饰缠枝忍冬纹。地饰鱼子纹。造型融合了当时波斯的装饰特点，是研究唐代与中亚友好往来和文化交流的实物例证。

Budist mezarlığa gömülen eşya. Bu gümüş kadehin yüzeyinde birbirine karışan ağaç dalları ve balık yumurtası desenleri görülür. Model bakımından dönemindeki Pers sanatına ait süsleme özellikleri taşıyan bu kadeh, Tang Hanedanı ile Orta Asya ülkeleri arasındaki dostça temasların ve kültürel değişimlerin araştırılması için somut delil sağladı.

## 鎏金高足银杯

唐（618-907年）
高6.1、口径5厘米
1985年陕西西安临潼庆山寺遗址出土
西安市临潼区博物馆藏

### Altın Kaplı Gümüş Kadeh

Tang Hanedanı dönemi (618-907)
Yüksekliği: 6.1 cm, Ağız çapı: 5 cm
1985 yılında Shaanxi eyaletinin Xi'an kentine bağlı Lintong bölgesinde yer alan Qingshan Tapınağı kalıntısından çıkartıldı
Bulunduğu Yer: Xi'an Kenti Lintong Bölgesi Müzesi

### Gilt High-leg Silver Cup

Tang Dynasty (618 -907)
6.1 cm in height and 5 cm in top diameter
Unearthed at the site of Qingshan Temple at Lintong district, Xian, Shaanxi province in 1985
Housed by the Lintong Museum

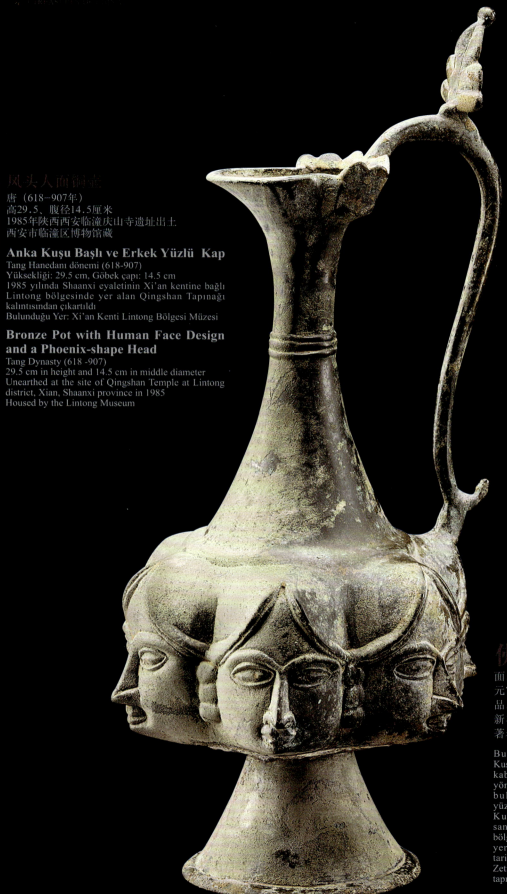

凤头人面铜壶

唐（618-907年）
高29.5、腹径14.5厘米
1985年陕西西安临潼庆山寺遗址出土
西安市临潼区博物馆藏

**Anka Kuşu Başlı ve Erkek Yüzlü Kap**
Tang Hanedanı dönemi (618-907)
Yüksekliği: 29.5 cm, Göbek çapı: 14.5 cm
1985 yılında Shaanxi eyaletinin Xi'an kentine bağlı
Lintong bölgesinde yer alan Qingshan Tapınağı
kalıntısından çıkartıldı
Bulunduğu Yer: Xi'an Kenti Lintong Bölgesi Müzesi

**Bronze Pot with Human Face Design
and a Phoenix-shape Head**
Tang Dynasty (618 -907)
29.5 cm in height and 14.5 cm in middle diameter
Unearthed at the site of Qingshan Temple at Lintong
district, Xian, Shaanxi province in 1985
Housed by the Lintong Museum

佛教随葬品。铜质，凤首龙柄，腹部六个高浮雕人面。从器形判断，它可能是公元7世纪或8世纪初北印度的作品。庆山寺遗址在西安临潼区新丰镇，是武则天时期建立的著名皇家寺院。

Budist mezar buluntusu. Anka
Kuşu başlı ve ejderha saplı bu bakır
kabın göbek kesiminde kabartma
yöntemiyle oyulan altı erkek yüzü
bulunur. Kabın biçiminden 7.
yüzyılda veya 8. yüzyılın başında
Kuzey Hindistan'da üretildiği
sanılıyor. Xi'an kentinin Lintong
bölgesine bağlı Xinfeng kasabasında
yer alan Qingshan Tapınağı, Çin
tarihindeki ilk bayan imparator Wu
Zetian döneminde inşa edilen kraliyet
tapınağıdır.

# P乐舞升平
## BARIŞ VE REFAH
### EACE AND PROSPERITY ALONG THE SILK ROAD

丝路商贸在唐代进入极盛。据载，唐朝曾与三百多个国家和地区进行过正式交往。在与唐朝的交往中，许多西域人因适应了中原生活而定居下来，当时在长安、洛阳的胡人超过十万，他们或经商，或习艺，有的还身居高职。

与西域的密切交流使唐朝流行着西域风尚，西域的饮食、服饰、舞乐都被中原汉人所追捧，如唐朝宫廷宴乐《十部乐》，其音乐元素来自南至印度支那、北到撒马尔罕的古代西域各国。唐都长安也因流连的外国人和浓郁的西域文化而成为当时的国际化大都市。出土于隋唐墓葬中的一些精美的胡人陶俑，则更加真实地反映了当时各地区、各民族间交往的史实。

İpek Yolu'yla ticaret yapılması Tang Hanedanı döneminde zirveye ulaştı. Tarihi kayıtlara göre, Tang yönetimi 300'den fazla ülke ve bölgeyle temaslarda bulundu. Tang yönetimiyle temaslarda Batı Bölgeleri'nden çok sayıda kişi, Çin'in orta kesimine yerleşti. Aralarında ticaret yapanların, sanatla uğraşanların ve Tang yönetiminin üst düzey yetkililerinin de bulunduğu 100 bini aşkın kişi, Chang'an ve Luoyang kentlerine yerleşti.

Batı Bölgeleri'yle sıkı temaslarda, Tang Hanedanı döneminde Batı Bölgeleri modası oluştu. Batı Bölgeleri'nin yemekleri, elbiseleri, dans ve müziği Hanlar tarafından beğenildi. Örneğin Tang Hanedanı'nın "Shibuyue" adlı saray müziğinin unsurları, güneyde Hindistan, kuzeyde Samarhan gibi eski çağların Batı Bölgeleri'ndeki krallıklarından geldi. Chang'an kenti, gelip giden yabancılar ve Batı Bölgeleri kültürüyle zamanın uluslararası merkezi haline geldi. Sui ve Tang Hanedanlarına ait mezarlarda çıkarılan Batı Bölgeleri'nde yaşayan farklı etnik gruplara mensup insan figürü heykelleri ise zamanın çeşitli bölgeleri ve etnik gruplar arasındaki temasların gerçeğini yansıtıyor.

羯鼓是一种出自于外夷的乐器。此器泥质红陶，中空，合模分制粘接组合而成。羯鼓于南北朝时经西域传入中原，盛行于唐开元、天宝年间。

Jie Davulu, Çin'in Güney ve Kuzey Hanedanları döneminde Çin'in batı bölgelerinden orta kesimine getirildi ve Tang Hanedanı'nın Kaiyuan ve Tianbao yıllarında popüler oldu. İçi boş olan bu Jie Davulu, kırmızı seramikten yapılmıştır.

### 彩绘陶羯鼓

唐（618-907年）
长40、面径16.7厘米
2000年陕西蒲城惠陵李宪墓出土
陕西省考古研究院藏

### Renkli Seramik Jie Davulu

Tang Hanedanı dönemi ( 618-907)
Uzunluğu: 40 cm, Uç bölümünün çapı: 16.7 cm
2000 yılında Shaanxi eyaletinin Pucheng ilçesindeki Huiling Li Xian Mezarlığı'nda keşfedidi
Bulunduğu Yer: Shaanxi eyaleti Arkeoloji Enstitüsü

### Colored Ceramic *Jie* Drum

Tang Dynasty (618 -907)
40 cm in height and 16.7 cm in diameter
Unearthed at the site of the Hui Tomb of the Tang Dynasty in Pucheng county, Shaanxi province in 2000
Housed by the Shaanxi Provincial Institute of Archaeology

长方形，枕面方形开光内划刻兽面纹。唐三彩器在艺术上最成功之处，就是运用多种釉色装饰器物，从而取得华丽动人的效果。此枕是三彩器中一件成功之作。

Dikdörtgen yastığın üst yüzeyinde canavar yüzü oyuludur. Bu yastık, Tang Hanedanı'nda popüler olan Sancai isimli porselen yapım yöntemiyle yapıldı. Tang Sancai'nin en büyük özelliği, porselenin rengarenk boyalarla parlak şekilde süslenmesidir. Bu yastık Tang Sancai eserlerinin en başarılı örneklerinden biridir.

三彩枕

唐（618-907年）
高6.7、面径12.2×9.8、底径12.1×9.5厘米
征集品
故宫博物院藏

**Tang Sancai Tarzı Yastık**
Tang Hanedanı dönemi (618-907)
Yüksekliği: 6.7 cm, Üstü: 12.2 cm x9.8 cm, Tabanı: 12.1 cmx9.5 cm
Özel koleksiyon
Bulunduğu Yer: Yasak Kent Müzesi

**Tri-colored Pottery Pillow**
Tang Dynasty (618 -907)
6.7 cm height ,12.2×9.8 cm in surface and 12.1×9.5 cm in the bottom
Housed by the Palace Museum

**造**型奇特，器身整体似一葫芦形，腹身上有白色云纹。唐三彩闻名天下，以造型生动逼真、色泽艳丽和富有生活气息而著称，是中国陶瓷史上之奇葩。

Biçimi sukabağına benzeyen bu kabın göbek bölümünde beyaz bulut deseni vardır. Tang Hanedanı'na özgü Sancai denen yapım yöntemiyle yapılan porselen eşyaları canlı modeli, zengin renkleri ve yoğun yaşam havasıyla dünyada ün salarken, Çin'in porselen tarihindeki şaheserler olarak kabul edildi.

### 三彩葫芦瓶

唐（618—907年）
高14.3、口径4.4、底径7.4厘米
1998年陕西西安南郊三爻村出土
西安博物院藏

### Tang Sancai Tarzı Sukabağı Biçimindeki Kap

Tang Hanedanı dönemi (618-907)
Yüksekliği: 14.3 cm, Ağız çapı: 4.4 cm, Taban çapı: 7.4 cm
1998 yılında Shaanxi eyaletinin Xi'an kenti güney banliyösündeki Sanyao köyünde keşfedildi
Bulunduğu Yer: Xi'an Müzesi

### Tri-colored Gourd-shape Pottery Vase

Tang Dynasty (618 -907)
14.3 cm in height, 4.4 cm in top diameter and 7.4 cm in bottom diameter
Unearthed at Sanyao county in Xian, Shaanxi province in 1998
Housed by the Xi'an Museum

**仿**生造型器皿。瓶身呈双鱼并联，尾下垂做圈足。鱼是唐代崇尚之物，双鱼寓意连年有余，吉祥合欢。此器反映了唐代制陶工匠在设计上的高度造诣。

Kabın gövdesinde yan yana iki balık vardır. Tang Hanedanı döneminde balık halk arasında çok sevilen bir hayvandı. Çift balık resminin bol hasıla, uğur ve mutluluk anlamı taşıdığına inanılırdı. Bu kap, Tang Hanedanı dönemindeki porselen tasarımının yüksek seviyesini simgeliyor.

**褐色釉扁形双鱼纹瓶**
唐（618-907年）
高25、口径4.6、足径11.5厘米
征集品
西安博物院藏

**Kahverengi Çift Balık Desenli Kap**
Tang Hanedanı dönemi (618-907)
Yüksekliği: 25 cm, Ağız çapı: 4.6 cm, Taban çapı: 11.5 cm
Özel koleksiyon
Bulunduğu Yer: Xi'an Müzesi

**Brown Glazed Flat Vase with Two-fish Pattern**
Tang Dynasty (618 -907)
25 cm in height, 4.6 cm in top diameter and 11.5 cm in bottom diameter
Housed by the Xi'an Museum

子即为酒壶，始于晚唐，盛行于宋元时期。白瓷在唐代曾与青瓷同时著称于世，代表了唐代瓷器生产的两大主流。

Zhuzi, içki kabı demektir. Tang Hanedanı'nın son döneminde görülmeye başlayan Zhuzi'nin yapımı Yuan Hanedanı'nda popüler oldu. Tang Hanedanı döneminde beyaz porselen ve açık yeşil porselen porselen üretimindeki iki önemli akımı temsil etti.

白瓷注子
唐（618—907年）
高9、口径3.3、底径3.4厘米
陕西西安西郊热电厂出土
西安博物院藏

**Beyaz Porselen Zhuzi**
Tang Hanedanı dönemi (618-907)
Yüksekliği: 9 cm, Ağız çapı: 3.3 cm, Taban çapı: 3.4 cm
Shaanxi eyaletine bağlı Xi'an kentinin batı banliyösündeki termik santralde keşfedildi
Bulunduğu Yer: Xi'an Müzesi

**White Porcelain Wine Pot**
Tang Dynasty (618 -907)
9 cm in height, 3.3 cm in top diameter and 3.4 cm in bottom diameter
Unearthed at the site of Xijiao Thermo-electrical Plant in Xian, Shaanxi province
Housed by the Xi'an Museum

**铜**镜异兽纽的周围饰有侧伏于地的四瑞兽，瑞兽周围是枝条交错缠连的葡萄纹。瑞兽葡萄纹镜是唐代新出现并且也是最有影响的镜类之一，这种铜镜同西方文明有一定关系。

Bakır ayna üzerinde yana uzanan dört uğurlu hayvan ve hayvanların etraflarında sapları birbirine karışan üzüm desenleri vardır. Uğurlu hayvan ve üzüm desenleri bulunan ayna, Tang Hanedanı'nda ortaya çıktı ve döneminde büyük etkiye sahip ayna modellerinden biriydi. Bu tür bakır aynanın, Batı uygarlığıyla belli derecede ilişkisi vardır.

### 瑞兽葡萄纹铜镜

唐（618-907年）
直径14、厚1.5厘米
征集品
陕西历史博物馆藏

**Bakır Ayna**
Tang Hanedanı dönemi (618-907)
Çapı: 14 cm, Kalınlığı: 1.5 cm
Özel koleksiyon
Bulunduğu Yer: Shaanxi Tarih Müzesi

### Bronze Mirror with Propitious Animal and Grape Design
Tang Dynasty (618 -907)
14 cm in diameter and 1.5 centimeter thickness
Housed by the Shaanxi History Museum

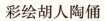

**随**葬明器。这件陶俑明显具有粟特人的特征。昭武九姓粟特人属于印欧人的一支，唐代其在内地的商业文化活动臻于极盛。

Mezar buluntusu. Bu seramik erkek, Sogdiana halkının özelliklerini taşıyor. İndo-Avrupalıların bir kolu olan Sogdiana halkının, Tang Hanedanı döneminde Çin'deki ticari ve kültürel faaliyetleri çok canlıydı.

**彩绘胡人陶俑**
唐（618－907年）
高38厘米
1956年陕西西安西郊枣园出土
陕西历史博物馆藏

**Renkli Seramik Erkek**
Tang Hanedanı dönemi (618-907)
Yüksekliği: 38 cm
1956 yılında Shaanxi eyaletine bağlı Xi'an kentinin batı banliyösündeki hurma bahçesinde keşfedildi
Bulunduğu Yer: Shaanxi Tarih Müzesi

**Painted Pottery Foreigner**
Tang Dynasty (618 -907)
38 cm in height
Unearthed on the outskirts of Xian, Shaanxi province in 1956
Housed by the Shaanxi History Museum

随葬明器。头梳双髻，垂在耳后，着圆领袍服，束黑色腰带，双手置于胸前，作持缰状。

Mezar buluntusu. Bu seramik erkeğin saçları iki topuz olarak kulaklarının arkasında toplanmıştır. Yuvarlak yakalı elbise giyen, siyah kemer takan ve iki elini göğsünde tutan erkek ata biner gibi gözüküyor.

彩绘胡人陶俑
唐（618-907年）
高47.5厘米
1953年陕西咸阳底张湾出土
陕西历史博物馆藏

**Renkli Boyalı Seramik Erkek**
Tang Hanedanı dönemi (618-907)
Yüksekliği: 47.5 cm
1953 yılında Shaanxi eyaletinin Xianyang kentine
bağlı Dizhangwan bölgesinde keşfedildi
Bulunduğu Yer: Shaanxi Tarih Müzesi

**Painted Pottery Foreigner**
Tang Dynasty (618 -907)
47.5 cm in height
Unearthed from Xianyang, Shaanxi province in 1953
Housed by the Shaanxi History Museum

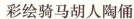

### 彩绘骑马胡人陶俑
唐（618-907年）
高37、长33、最宽处16厘米
1978年陕西咸阳礼泉烟霞镇张家山段简璧墓出土
昭陵博物馆藏

### Pişmiş Topraktan Renkli Binici Figürü
Tang Hanedanı dönemi (618-907)
Yüksekliği: 37 cm, Uzunluğu: 33 cm, En geniş yeri: 16 cm
1978 yılında Shaanxi eyaletinin Xianyang kentine
bağlı Liquan ilçesindeki Yanxia kasabasında yer alan
Zhangjiashan Duan Jianbi Mezarlığı'ndan çıkartıldı
Bulunduğu Yer: Zhaoling Müzesi

### Painted Pottery Riding Foreigner
Tang Dynasty (618 -907)
37 cm in height, 33 cm in length and 16 cm in width
Unearthed from Xianyang, Shaanxi province in 1978
Housed by the Zhaoling Museum

随 葬明器。马通体施红彩，
俑头戴翻沿胡帽，身着绿
色翻领窄袖袍，红裤黑靴。此
为唐太宗李世民的外甥女、高
宗李治的表姊段简璧墓出土的
胡人俑。

Mezar buluntusu. Atın bütün vücudu
kırmızı renkle boyanmıştır. Yana
eğilmiş şapka takan erkek devrik
yakalı ve dar kollu yeşil elbise ile
kırmızı pantolon ve siyah bot giyiyor.
pişmiş topraktan binici figürü, Tang
Hanedanı imparatorlarından Taizong
Li Shimin'in kız yeğeni ve Gaozong
Li Zhi'nin kuzeni Duan Jianbi'nin
mezarında keşfedildi.

## 彩绘浮雕女子击腰鼓纹砖

五代（907—960年）
高74厘米
1992年陕西咸阳彬县底店乡前家嘴村冯晖墓出土
彬县文物旅游管理办公室藏

**Üzerinde bel davulu çalan kız figürü bulunan renkli kabartmalı tuğla**

Beş Hanedan dönemi ( 907-960)
Yüksekliği: 74 cm
1992 yılında Shan'anxi eyaletinin Xianyang kentine bağlı Bing ilçesindeki Dizhan nahiyesindeki Qianjiazui köyünde Feng Hui mezarlığından çıkarıldı
Bulunduğu Yer: Bing İlçesi Tarihi Eserler ve Turizm Yönetim Ofisi

**Painted Brick Relief Sculpture of a Woman Beating Waist Drum**

Five Dynasties and Ten Kingdoms period (907-960)
74 cm in height
Unearthed at the tomb of Fenghui, Xianyang, Shaanxi province in 1992
Housed by the Cultural Relic and Tourism Management Office of Bin County

墓室浮雕，原置于甬道内东西两壁，共刻画28名男女分组演奏散乐。本件人物腰鼓斜置腹部，左手拍击，右手执槌击打。此组浮雕为研究五代时期的音乐、舞蹈史等提供了难得的实物资料，具有极高的文物和学术价值。

Mezar buluntusu, Mezar odasındaki koridorun doğu ve batı duvarlarına asılmıştı. Toplam 28 erkek ve kız grup halinde müzik çalıyordu. Bel davulu, bu kişinin göbek bölümünde eğri şekilde duruyor ve bu kişi davula sol eliyle hafifçe, sağ elindeki tokmakla da sert şekilde vuruyor. Bu kabartmalar Beş Hanedan döneminin müziğinin araştırılmasına değerli malzeme sağladı ve tarihi ve akademik açılardan çok yüksek değere sahiptir.

# 彩绘浮雕女子吹笛纹砖

五代（907-960年）
高74.3、宽34、厚5.5厘米
1992年陕西咸阳彬县底店乡前家嘴村冯晖墓出土
彬县文物旅游管理办公室藏

## Üzerinde flüt çalan kız figürü bulunan kabartmalı tuğla

Beş Hanedan dönemi ( 907-960)
Yüksekliği: 74.3 cm, Genişliği: 34 cm, Kalınlığı: 5.5 cm
1992 yılında Shan'anxi eyaletinin Xianyang kentine
bağlı Bing ilçesindeki Dizhan nahiyesindeki Qianjiazui
köyünde Feng Hui mezarlığından çıkarıldı
Bulunduğu Yer: Bing İlçesi Tarihi Eserler ve Turizm
Yönetim Ofisi

## Painted Brick Relief Sculpture of a Woman Playing Flute

Five Dynasties and Ten Kingdoms period (907-960)
74.3 cm in height, 34 cm in width and 5.5 cm in thickness
Unearthed at the tomb of Fenghui, Xianyang, Shaanxi
province in 1992
Housed by the Cultural Relic and Tourism Management
Office of Bin County

墓室浮雕，原置于甬道内东
西两壁，共刻画28名男女
分组演奏散乐。本件人物作全
神贯注吹奏状。此组浮雕为研
究五代时期的音乐、舞蹈史等
提供了难得的实物资料，具有
极高的文物和学术价值。

Mezar buluntusu, Mezar odasındaki
koridorun doğu ve batı duvarlarına
asılmıştı. Toplam 28 erkek ve kız
grup halinde müzik çalıyordu. Bu
eserde bir kişi tüm dikkatiyle flüt
çalıyor. Bu kabartmalar Beş Hanedan
döneminin müziğinin araştırılmasına
değerli malzeme sağladı ve tarihi
ve akademik açılardan çok yüksek
değere sahiptir.

彩绘浮雕男子弹奏箜篌图
五代（907—960年）
高74、宽36、厚5厘米
1992年陕西咸阳彬县底店乡前家嘴村冯晖墓出土
彬县文物旅游管理办公室藏

**Üzerinde Konghou adlı Çin milli çalgısını çalan erkek figürü bulunan kabartmalı tuğla**

Beş Hanedan dönemi ( 907-960)
Yüksekliği: 74 cm, Genişliği: 36 cm, Kalınlığı: 5 cm
1992 yılında Shan'anxi eyaletinin Xianyang kentine bağlı Bing ilçesindeki Dizhan nahiyesindeki Qianjiazui köyünde Feng Hui mezarlığından çıkarıldı
Bulunduğu Yer: Bing İlçesi Tarihi Eserler ve Turizm Yönetim Ofisi

**Painted Brick Relief Sculpture of a Man Playing Ancient Harp**

Five Dynasties and Ten Kingdoms period (907-960)
74 cm in height, 36 cm in width and 5 cm in thickness
Unearthed at the tomb of Fenghui, Xianyang, Shaanxi province in 1992
Housed by the Cultural Relic and Tourism Management Office of Bin County

墓室浮雕，原置于甬道内东西两壁，共刻画28名男女分组演奏散乐。本件人物双手抱箜篌于胸前，十指作演奏状。此组浮雕为研究五代时期的音乐、舞蹈史等提供了难得的实物资料，具有极高的文物和学术价值。

Mezar buluntusu, Mezar odasındaki koridorun doğu ve batı duvarlarına asılmıştı. Toplam 28 erkek ve kız grup halinde müzik çalıyordu. Bu eserde bir kişi iki eliyle Konghou'yu kucaklayarak 10 parmakla çalıyor. Bu kabartmalar Beş Hanedan döneminin müziğinin araştırılmasına değerli malzeme sağladı ve tarihi ve akademik açılardan çok yüksek değere sahiptir.

## 彩绘浮雕男子吹笙纹砖

五代（907—960年）
高74厘米
1992年陕西咸阳彬县底店乡前家嘴村冯晖墓出土
彬县文物旅游管理办公室藏

### Üzerinde Lu-sheng adlı Çin milli çalgısını çalan erkek figür bulunan kabartmalı tuğla

Beş Hanedan dönemi ( 907-960)
Yüksekliği: 74 cm
1992 yılında Shan'anxi eyaletinin Xianyang kentine bağlı Bing ilçesindeki Dizhan nahiyesindeki Qianjiazui köyünde Feng Hui mezarlığından çıkarıldı
Bulunduğu Yer: Bing İlçesi Tarihi Eserler ve Turizm Yönetim Ofisi,

### Painted Brick Relief Sculpture of a Man Playing *Sheng* (an ancient reed pipe instrument)

Five Dynasties and Ten Kingdoms period (907-960)
74 cm in height
Unearthed at the tomb of Fenghui, Xianyang, Shaanxi province in 1992
Housed by the Cultural Relic and Tourism Management Office of Bin County

墓室浮雕，原置于甬道内东西两壁，共刻画28名男女分组演奏散乐。本件人物口含簧，正吹奏芦笙。此组浮雕为研究五代时期的音乐、舞蹈史等提供了难得的实物资料，具有极高的文物和学术价值。

Mezar buluntusu, Mezar odasındaki koridorun doğu ve batı duvarlarına asılmıştı. Toplam 28 erkek ve kız grup halinde müzik çalıyordu. Bu eserde bir erkek ağzına sipsi koyup Lu-sheng çalıyor.Bu kabartmalar Beş Hanedan döneminin müziğinin araştırılmasına değerli malzeme sağladı ve tarihi ve akademik açılardan çok yüksek değere sahiptir.

# 第四单元
## DÖRDÜNCÜ BÖLÜM
### CHAPTER IV

# 王朝盛世 （960-1911年）

## ÇİN İMPARATORLUĞU'NUN PARLAK DÖNEMİ(960-1911)

### THE PRIME TIME OF IMPERIAL CHINA (960-1911)

　　宋代全国奉行重文轻武政策，儒家理学思想的发展和封建经济的开放与繁荣，促进了科学技术的进步，这一时期成为我国古代科技发展的高峰时期。在继承和发展了前代成就的基础上，宋代在天文、历法、算学、医学等领域都有突出成就，而宋瓷更是在中国陶瓷史上留下了不朽的篇章，皇室的赏玩与珍视推动了中国的瓷器艺术臻于成熟。元代全国制瓷业继续发展，位于江西东北部的景德镇因得天独厚的优势，迅速崛起，作为元青花的主要产地，成为世界闻名的"瓷都"。

　　明、清两代是中国古代历史上两个最后的王朝。强盛的帝国维持了中国大一统的局面，并推动了现代中华民族的融合与最终形成。在继续吸收外来文化的同时，华夏文明走向沉静内省，传统文化的表达与传承仍旧保持了旺盛的生命力。因此而造就的明、清两代宫廷艺术，可谓是博古而通今，大胆创新与拟古之风并存，只是其中暗含的昔日恢弘气魄，已经在对自我的思考中沉淀、发酵，转而愈发细腻与华丽。

Song Hanedanı döneminde ülke çapında "zihinsel eğitimin fiziksel eğitimden daha önemli olduğu politika" uygulandı. Konfüçyüs'ün düşüncelerinin gelişmesi ve feodal ekonominin dışa açılması ile refaha kavuşması, bilim ve teknolojinin ilerlemesini hızlandırdı. Bu, Çin'in eski çağlarda bilim ve teknolojinin gelişme zirvesine ulaştığı dönemdi. Önceki hanedanlarda sağlanan başarılar temelinde Song Hanedanı döneminde astronomi, takvim, matematik ve tıp gibi alanlarda göze çarpan başarılar elde edildi. Song Hanedanı dönemindeki porselen sanatı, Çin'in porselen tarihine damgasını vurdu. İmparatorluk ailelerinin porselenleri beğenmesi ve desteklemesiyle porselen yapım teknikleri günden güne gelişti. Yuan Hanedanı döneminde porselen sektörü gelişmeye devam etti. Jiangxi eyaletinin kuzeydoğusundaki Jingdezhen'deki porselen sektörü, özel üstünlükleriyle hızlı gelişme sağladı. Beyaz zeminde lâcivert renkli desenli porselenlerin önemli üretim merkezi olan Jingdezhen, dünyaca tanınmış "porselen başkenti" unvanını kazandı.

Ming ve Qing Hanedanları, Çin tarihindeki son iki hanedandır. Güçlü yönetimler, Çin'in birleşmesini sürdürdü ve çağdaş Çin milletinin kaynaşmasını ve son şeklini almasını sağladı. Yabancı ülkelerin kültürleri de benimsendi. Bunun yanı sıra geleneksel kültür devam ettirilerek korundu.

# T陶瓷之路
## ÇİN PORSELENLERİN GÜZERGÂHI
## HE ROUTE OF CHINESE PORCELAINS

　　宋瓷以单色釉的高度发展著称，其色调优雅、莹润细腻，在中国的陶瓷工艺史上占有重要的历史地位。宋代相继出现了举世闻名的官、哥、汝、定、钧诸窑，号称"宋代五大名窑"。宋代五大名窑各具特色，展现出精湛的工艺水平，反映了这一时期的文人雅趣和社会风情。

　　明清时期是我国瓷器发展史上的极盛时期。彩瓷得到巨大发展，器物造型和纹饰繁多而精美。青花、斗彩、五彩各具特色。乾隆时期达到了瓷业的黄金时代，瓷器造型优美，色彩鲜艳雅致，在画法上不但仿古，而且引进了西洋绘画技术。这时，以景德镇为主的瓷业取得了较大成就。

Song Hanedanı döneminde tek sırlı, şık renkli, parlak ve yumuşak görünümüyle tanınan porselen eserler, Çin'in porselen tarihinde önemli yer tuttu. Song Hanedanı döneminde çok tanınmış Guan, Ge, Ru, Ding ve Jun porselen fırınları bulundu. Özgün özelliklere sahip bu beş büyük porselen fırını, mükemmel sanat seviyesini göstermenin yanı sıra bu dönemdeki aydınların hobileri ile örf ve adetleri yansıtıyor.

Ming ve Qing Hanedanları, Çin porseleninin zirveye ulaştığı dönem olarak kabul ediliyor. Renkli porselen hızla gelişti. Eserlerin çeşidi önemli ölçüde arttı, hoş ve nefis desen ve motifler çıktı. Qing Hanedanı imparatoru Qian Long döneminde porselen altın dönemine girdi. Porselen eserlerin şekilleri nefis, renkleri de çok hoş görünüyor. Desen ve motif çizme yöntemleri de zenginleşti. Batı usulü desen çizme teknikleri ithal edildi. Jingdezhen'in temsil ettiği porselen sektöründe büyük başarılar sağlandı.

宋（960-1279年）
高12.8、口径3.2、底径5.2厘米
征集品
上海博物馆藏

**Resmi seramik fırınında üretilen kulplu şişe**
Song Hanedanı dönemi( 960-1279)
Yüksekliği: 12.8 cm, Ağız Çapı: 3.2 cm, Taban
Çapı: 5.2cm
Özel koleksiyon
Bulunduğu Yer: Shanghai Müzesi

**Porcelain Vase of Guan Kiln with Pierced Handle**
Song Dynasty (960-1279)
12.8 cm in height, 3.2 cm in top diameter and 5.2
cm in bottom diameter
Collection from the Shanghai Museum

古代中国文人雅士进行
"投壶"游戏的用具。官
窑为宋代五大名窑之一。此器
釉色青中泛灰，布满开片，造
型古朴雅致。

Eski çağlarda aydınların "demliğe
isabet" oyununda kullandıkları bir
alettir. Bu eserin sır rengi, lacivertten
griye geçer. Üzerinde "parçalanmış"
gibi görünen desenler bulunan bu
eser, otantik ve nefis gözükür.

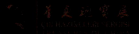
食器。通体白釉，盘内心有
印花云龙纹。定窑为宋代
五大名窑之一，其独特的印花
技法借鉴定州缂丝技术，花纹
细腻流畅。此器为传世定窑的
代表作。

Yemek aleti. Beyaz sır kaplanmış bu
tabak içinde bulut ve ejder deseni
çizilmiştir. Ding seramik fırını, Song
Hanedanı dönemindeki beş büyük
tanınmış seramik fırınından biridir.
Özel desen basma teknolojisiyle
eserin üzerindeki desenler çok rahat
ve hoş görünüyor. Bu tabak, Ding
seramik fırınında üretilen örnek
eserdir.

定窑白釉印花云龙纹盘
宋（960－1279年）
高4.5、口径23.3、底径10.8厘米
征集品
上海博物馆藏

**Dingyao seramik ocağında üretilen
beyaz sır kaplanmış bulut ve ejderha
desenli tabak**
Song Hanedanı dönemi (960-1279)
Yüksekliği: 4.5 cm, Ağız Çapı: 23.3 cm, Taban Çapı
10.8 cm
Özel koleksiyon
Bulunduğu Yer: Shanghai Müzesi

**White Glazed Porcelain Plate of Ding
Kiln with Flower and Dragon Pattern**
Song Dynasty (960-1279)
4.5 cm in height, 23.3 cm in top diameter and 10.8
cm in bottom diameter
Collection from the Shanghai Museum

为银锭形，枕面线刻牡
丹卷草纹，前后两面均
为剔刻牡丹纹。登封窑以珍珠
地刻划花与剔花工艺为最大特
色，此器为同类产品中的上乘
之作。

Gümüş külçe şeklindeki yastığın
üzerinde şakayık motifi oyulmuştur.
Dengfeng seramik ocağı, motifi
oymasıyla tanınıyor.

### 登封窑白釉剔刻花牡丹纹枕

宋（960–1279年）
高10.7、长19.3、宽14.3厘米
征集品
上海博物馆藏

**Dengfeng seramik fırınında üretilen beyaz sırlı ve şakayık motifi oyulmuş yastık**
Song Hanedanı dönemi (960-1279)
Yüksekliği: 10.7 cm, Uzunluğu: 19.3 cm, Genişliği: 14.3 cm
Özel koleksiyon
Bulunduğu Yer: Shanghai Müzesi

**White Glazed Porcelain Pillow of Dengfeng Kiln with Incised Floral Pattern**
Song Dynasty (960-1279)
10.7 cm in height, 19.3 cm in length and 14.3 cm in width
Collection from the Shanghai Museum

陈设器。此器造型模仿良渚时期的礼器玉琮。玉琮是一种内圆外方的筒形玉器，为一种重要的祭地礼器。

Süs eşyası. Bu eserin şekli, Liangzhu döneminde dini törenlerde kullanılan bir tür yeşimden yapılan aletti. "Cong", içi yuvarlak, dışı dörtgen, gövdesi ise silindir şeklindeki bir alettir.

## 龙泉窑青釉琮式瓶

宋（960-1279年）
高27.4、口径8、足径8厘米
征集品
上海博物馆藏

### Longquan seramik fırınında üretilen "cong" adlı şişe

Song Hanedanı dönemi (960-1279)
Yüksekliği: 27.4 cm, Ağız Çapı: 8 cm, Taban Çapı: 8 cm
Özel koleksiyon
Bulunduğu Yer: Shanghai Müzesi

### Blue Glazed Quadrilateral Porcelain Vase of Longquan Kiln

Song Dynasty (960-1279)
27.4 cm in height, 8 cm in top diameter and 8 cm in bottom diameter
Collection from the Shanghai Museum

照明工具。整器分为鸳鸯形灯和承柱灯台两部分。越窑是我国古代最著名的青瓷窑系，特点是胎骨较薄，施釉均匀。

Aydınlatma aleti. Bu eser, mandarin ördeği şeklindeki lamba ve lamba altlığından oluşur. Yue seramik ocağı, Çin'in eski çağlarda lacivert seramik üretilen en tanınmış ocağıdır. Bu ocakta üretilen eserlerin gövdesi incedir ve sırları iyi dağıtılmıştır.

## 越窑青釉鸳鸯灯

宋（960－1279年）
通高13.7、底径5.7厘米
征集品
上海博物馆藏

### Yue seramik fırınında üretilen lacivert sırlı mandarin ördeği şeklindeki lamba

Song Hanedanı dönemi (960-1279)
Yüksekliği: 13.7 cm (Kapağı da dahil), Taban Çapı: 5.7 cm
Özel koleksiyon
Bulunduğu Yer: Shanghai Müzesi

### Blue Glazed Porcelain Lamp of Yue Kiln

Song Dynasty (960-1279)
13.7 cm in height and 5.7 cm in bottom diameter
Collection from the Shanghai Museum

耀州窑青釉刻花缠枝花卉纹瓶
宋（960—1279年）
高20.8、口径5.2、足径6.4厘米
征集品
上海博物馆藏

**Yaozhou seramik fırınında üretilen
lacivert sırlı ve çiçek motifli şişe.**
Song Hanedanı dönemi (960-1279)
Yüksekliği: 20.8 cm, Ağız Çapı: 5.2 cm, Taban Çapı: 6.4 cm
Özel koleksiyon
Bulunduğu Yer: Shanghai Müzesi

**Blue Glazed Porcelain Vase of Yaozhou
Kiln with Carved Interlaced Floral Design**
Song Dynasty (960-1279)
20.8 cm in height, 5.2 cm in top diameter and 6.4 cm in
bottom diameter
Collection from the Shanghai Museum

造型规整，釉色青中泛黄。器身雕刻缠枝花卉，近底处刻莲瓣纹。耀州窑为北方著名的青瓷窑场，以犀利、流畅、极富立体感的刻花著称。

Bu eserin şekli düzenlidir. Sırları, hafifçe lacivertten sarıya geçer. Üzerinde dolanmış otlar motifi, tabana yakın bölümlerinde ise nilüfer taçyaprağı motifi oyulmuştur. Yaozhou seramik fırınından çıkarılan eserler rahat, keskin ve üç boyutlu çiçek oyulma ustalığıyla Çin'in kuzeyinde tanınıyor.

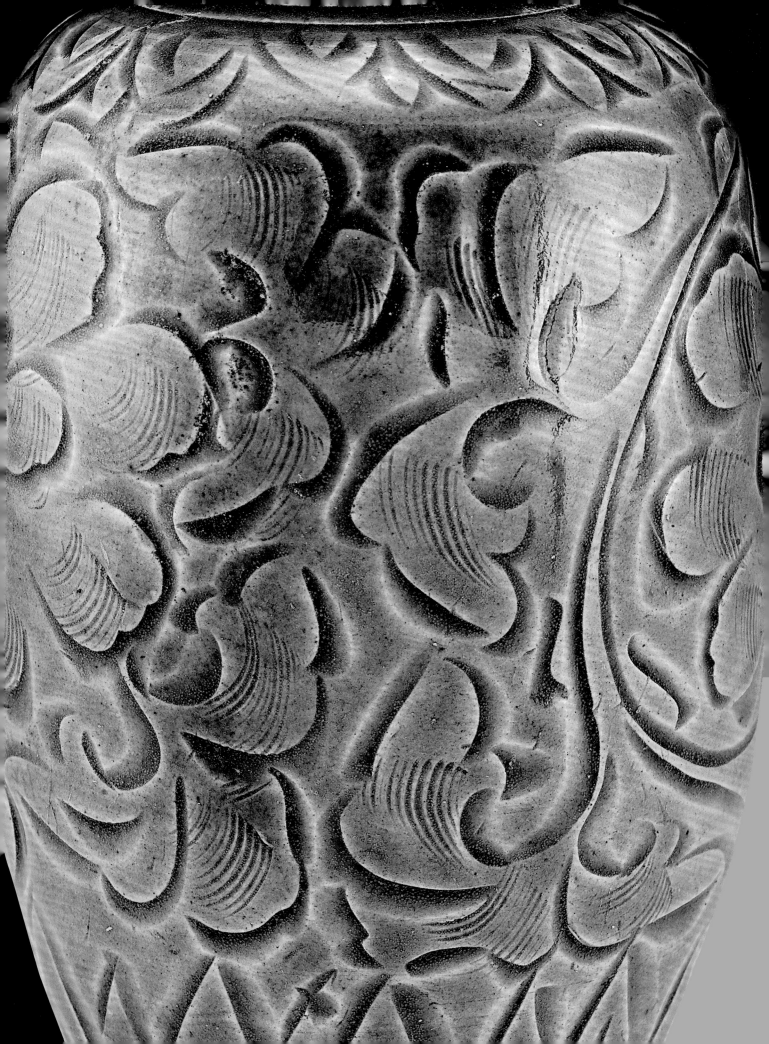

钧窑天蓝釉六方花盆

宋（960－1279年）
高13.1、口径15.2－22.5、足径8.4－13.4厘米
传世品
故宫博物院藏

**Jun seramik fırınında üretilen gök mavisi renkli altıgen çiçek saksısı**
Song Hanedanı dönemi (960-1279)
Yüksekliği:13.1cm, Ağız Çapı: 15.2-22.5 cm, Taban Çapı:
8.4-13.4 cm
Kuşaktan kuşağa aktarılan eser
Bulunduğu Yer: Yasak Kent Müzesi

**Sky-blue Glazed Hexagonal Pot of Jun Kiln**
Song Dynasty (960-1279)
13.1 cm in height, 15.2-22.5 cm in top diameter and 8.4-13.4
cm in bottom diameter
Housed by the Palace Museum

花盆呈六方形，通体施天蓝釉。此花盆为河南禹县官钧产品，为清宫旧藏的传世钧窑器物，做工考究，造型端庄。

Altıgen şeklindeki çiçek saksısı, gök mavisi renkli sırla boyanmıştır. Henan eyaletinin Yu ilçesindeki Jun seramik fırınından çıkarılan bu eser, Qing Hanedanı döneminde sarayda saklandı ve kuşaktan kuşağa aktırıldı. Bu ince eser zarif bir görüntü verir.

川 来盛水洗笔的器皿。呈
梅花式，釉面布满黑、
黄两色大小纹片，俗称"金丝
铁线"。此洗胎体厚重，造型
优雅大方，是典型的传世哥窑
器物。

İçine su konup fırça kalemin
yıkanmasında kullanılan alet. Erik
çiçeği biçimindeki bu eserin üzerinde
siyah ve sarı renkli şerit şeklinde
motif bulunuyor. Buna "altın ip demir
hat" adı verilir. Çok şık görünen bu
eser, Ge seramik fırınından çıkarılan
başlıca eserlerden biridir.

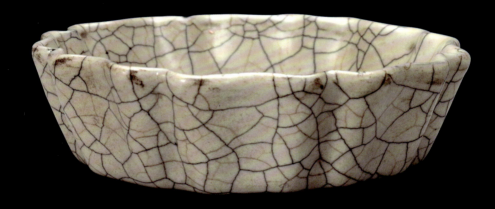

哥窑梅花式洗
宋（960－1279年）
高3.2、口径10.5、底径8.3厘米
传世品
故宫博物院藏

**Ge seramik fırınında üretilen erik çiçeği
şeklindeki bir tür yıkama aleti**
Song Hanedanı dönemi (960-1279)
Yüksekliği: 3.2 cm, Ağız Çapı: 10.5 cm, Taban Çapı: 8.3 cm
Kuşaktan kuşağa aktarılan eser
Bulunduğu Yer: Yasak Kent Müzesi

**Petaline Shaped Washer of Ge Kiln**
Song Dynasty (960-1279)
3.2 cm in height, 10.5 cm in top diameter and 8.3 cm in
bottom diameter
Housed by the Palace Museum

呈腰圆形。枕面上部珍珠地上划花一折枝牡丹，其下开光内镌刻清代乾隆皇帝御制诗。珍珠地划花品种系模仿金银器錾胎工艺烧造而成，起源于唐代，盛行于宋代。

Bel şeklindeki yastığın yüzünün üst kısmında şakayık deseni, alt kısmında ise Qing Hanedanı imparatoru Qianlong'un şiir mısraları oyulmuştur. Tang Hanedanı döneminde yapılmaya başlanan bu tür eserler Song Hanedanı döneminde yaygınlaştı.

宋（960~1279年）
高12.6、长33.4、宽29.9厘米
传世品
故宫博物院藏

**Cizhou seramik fırınında üretilen imparator Qianlong'un şiir mısralarının oyulduğu yastık**
Song Hanedanı dönemi (960-1279)
Yüksekliği: 12.6 cm, Uzunluğu: 33.4 cm, Genişliği: 29.9 cm
Kuşaktan kuşağa aktarılan eser
Bulunduğu Yer: Yasak Kent Müzesi

**Porcelain Pillow of Cizhou Kiln with Carved Poetry by Emperor Qianlong**
Song Dynasty (960-1279)
12.6 cm in height. 33.4 cm in length and 29.9 cm in width
Housed by the Palace Museum

磁州窑白地黑花花卉纹瓶

元（1271-1368年）

高32.5、口径4.6、底径11.5厘米

征集品

上海博物馆藏

**Cizhou seramik fırınında üretilen beyaz zeminde siyah çiçekli vazo**

Yuan Hanedanı dönemi ( 1271-1368)

Yüksekliği: 32.5 cm, Ağız Çapı: 4.6 cm, Taban Çapı: 11.5 cm

Özel koleksiyon

Bulunduğu Yer: Shanghai Müzesi

**Porcelain Vase with Dark Floral Design on Light Background**

Yuan Dynasty (1271-1368)

32.5 cm in height, 4.6 cm in top diameter and 11.5 cm in bottom diameter

Collection from the Shanghai Museum

**此**器口部、肩部、腹部均施黑彩，草逸而活泼。"白地绘黑花"装饰方法是磁州窑在中国古陶瓷装饰艺术的发展史上最突出的成就。

Bu eser ağız, omuz ve göbek bölümlerinde siyah sır kullanıldığı için canlı bir görüntü verir. Cizhuo seramik fırınında "beyaz zeminde siyah çiçek çizilmesi" yöntemi, Çin'in eski seramik süs eşyaları sanatının gelişmesi tarihinde en önemli başarı olarak kabul ediliyor.

器。釉里红是元代景德
镇窑创烧的新品种，它
以铜为着色剂再施上一层透明
釉烧成。明初洪武时期烧制出
如此精美的釉里红器物，实属
珍贵。

Sürahi. Sıraltı kırmızı, Yuan Hanedanı
döneminde Jingdezhen seramik
ocağında üretilen yeni bir tür eserdi.
Ming Hanedanı Hongwu döneminde
üretilen bu şık eser yüksek değer
taşıyor.

景德镇窑釉里红花卉纹执壶
明·洪武（1368-1398年）
高32、口径7.2、底径11厘米
传世品
故宫博物院藏

**Jingdezhen seramik fırınında üretilen
sıraltı kırmızı çiçekli ibrik**
Ming Hanedanı Hongwu dönemi(1368-1398)
Yüksekliği: 32 cm, Ağız Çapı: 7.2 cm, Taban Çapı: 11 cm
Kuşaktan kuşağa aktarılan eser
Bulunduğu Yer: Yasak Kent Müzesi

**Underglazed Red Floral Patterned Pot**
Emperor Hongwu's Reign of Ming Dynasty (1368-1398)
32 cm in height, 7.2 cm in top diameter and 11 cm in
bottom diameter
Housed by the Palace Museum

景德镇窑青花缠枝莲纹高罐

明·宣德（1426—1435年）
高19、口径17、足径15.7厘米
传世品
故宫博物院藏

罐 直口，通体青花装饰。肩饰如意云头纹，腹饰缠枝莲纹。明代是中国青花瓷器生产的黄金时期，此器形为宣德青花典型的装饰风格。

**Jingdezhen seramik fırınında üretilen lacivert renkli ve üzerinde nilüfer çiçek motifi bulunan kapaklı kap**
Ming Hanedanı Xuande dönemi(1426-1435)
Yüksekliği: 19 cm, Ağız Çapı: 17 cm, Taban Çapı: 15.7 cm
Kuşaktan kuşağa aktarılan eser
Bulunduğu Yer: Yasak Kent Müzesi

Lacivert renkli çiçek motifli kabın üst kısmında uğurlu bulut deseni, göbeğinde nilüfer deseni vardır. Ming Hanedanı yılları, Çin'in lacivert çiçek motifli porselenlerin üretildiği altın dönem olarak kabul ediliyor. Bu eser, Xuande döneminde lacivert çiçek motifli eserler arasındaki tipik süs eşyasıdır.

**Blue Glazed Porcelain Vase with Lotus Design**
Emperor Xuande's Reign of Ming Dynasty (1426-1435)
19 cm in height, 17 cm in top diameter and 15.7 cm in bottom diameter
Housed by the Palace Museum

景德镇窑黄釉瓷盘

明·成化（1465—1487年）
高5、口径21.4、足径13厘米
传世品
故宫博物院藏

**Jingdezhen seramik fırınında üretilen sarı sırlı porselen tabak**

Ming Hanedanı Chenghua dönemi(1465-1487)
Yüksekliği: 5 cm, Ağız Çapı: 21.4 cm, Taban Çapı: 13 cm
Kuşaktan kuşağa aktarılan eser
Bulunduğu Yer: Yasak Kent Müzesi

**Yellow Glazed Porcelain Plate**

Emperor Chenghua's Reign of Ming Dynasty (1465-1487)
5 cm in height, 21.4 cm in top diameter and 13 cm in bottom diameter
Housed by the Palace Museum

**食**器。此盘造型呈窝状，故俗称"窝盘"。通体施黄釉。外底著青花楷体"大明成化年制"六字双行款。此盘是明中期黄釉瓷的典型器。

Yemek aleti. Bu tabak "çukur" biçimindedir. Tabağın tabanında "Ming Hanedanı Chenghua Döneminde yapılmıştır" yazılı damga basılmıştır. Bu tabak, Ming Hanedanı'nın orta döneminde sarı sırlı porselen eserlerin bir örneğidir.

# 宫廷艺术

SARAY SANATI
ROYAL ARTS

　　明、清两朝的皇宫又名"紫禁城"，位于北京古城的中心，是统治中国六百余年的最后两代王朝的正宫，也是当今世界上现存规模最大、保存最完整的古代宫殿和古建筑群。根据中国古代星象学说，紫微垣（即北极星）位于中天，乃天帝所居，人间帝王的宫殿同样比附于此，又因皇宫并不对平民开放，因此得名"紫禁城"。

　　紫禁城里汇集了明、清两朝皇帝收藏的历代文物珍品，多为稀世珍宝。清代的乾隆皇帝在位60年，自称"十全老人"。在其前辈几代帝王的励精图治下，中国和平日久，经济繁荣，史称"康乾盛世"。乾隆本人附庸风雅，毕其一生搜集了大量艺术品，其数量之巨、制作之精、品种之丰，令人叹为观止。这些清宫旧藏，特别是书画、铜器、陶瓷器、玉器等，代表了当时宫廷艺术的审美品位，从各个方面反映了宫廷生活的精致与奢华。

Ming ve Qing Hanedanlarının sarayına "Yasak Kent" adı da verildi. Eski Beijing kentinin merkezinde yer alan Yasak Kent, Çin'i yöneten son iki hanedanın sarayıdır. Yasak Kent, günümüz dünyasında en büyük çaplı ve en iyi korunan saray ve eski mimari topluluğu olarak kabul ediliyor. Eski çağlardaki Çin astrolojisine göre, kutup yıldızı göğün ortasında yer alıyor ve burada gök tanrısı oturuyor. Dünyadaki imparatorluk sarayı da buna çok benzermiş. İmparatorluk sarayı, halka açılmamıştı, bu nedenle "Yasak Kent" olarak adlandırıldı.

Yasak Kent'te Ming ve Qing Hanedanlarının imparatorlarının sakladığı nadir görülen yüksek değerli tarihi eserler toplandı. Qing Hanedanı imparatorlarından Qian Long, hayatı boyunca sayı, çeşit ve kalite bakımlarından hayranlık verici sanat eseri topladı. Qing Hanedanı sarayında saklanan hat, resim, bronz, porselen ve yeşim eserleri zamanın saray sanatına güzel duygular yansıtmanın yanı sıra, saraydaki görkemli ve lüks yaşamı da gösteriyor.

酒 器。杯身两侧对称高浮雕
两龙，龙首儿与杯沿齐
平。双龙耳杯是明代最为流行
的杯式之一。

İçki içme aleti. Kadehin iki
yanında iki kabartma ejderha figürü
oyulmuştur. Çift ejderha şeklindeki
kulplu kadeh, Ming Hanedanı
döneminde en popüler kadeh
biçimlerinden biriydi.

### 青玉双龙耳光素杯
明（1368-1644年）
高4、口径9.5、底径4.8厘米
传世品
故宫博物院藏

**Yeşimden yapılan iki kulplu kadeh**
Ming Hanedanı dönemi(1368-1644)
Yüksekliği: 4 cm, Ağız Çapı: 9.5 cm, Taban
Çapı: 4.8 cm
Kuşaktan kuşağa aktarılan eser
Bulunduğu Yer: Yasak Kent Müzesi

### Jade Cup with Dragon Design and Two Ears
Ming Dynasty (1368-1644)
4 cm in height, 9.5 cm in top diameter and 4.8
cm in bottom diameter
Housed by the Palace Museum

墨床亦
搁墨
质，窄边
心透雕锦
品或亦曾

Mürekke
Yeşim taş
çerçevesin
ise bir
oyulmuştu

龙长方墨床
年)

**buğunu tutan ejderha**
**uş dörtgen alet**
nemi(1368-1644)
Genişliği: 6 cm
ktarılan eser
sak Kent Müzesi

**gular Ink Bed with**
**agon Design**
68-1644)
nd 6 cm in width

香具。整器通体透雕一龙盘绕蜿蜒于花枝之间。明、清时期香具造型变化多端，是皇室贵族乃至士大夫居室、书房中不可或缺的陈设品。

Tütsü konan alet. Gövdesi üzerinde çiçek dalları arasında uzan bir ejderha figürü oyulmuştur. Ming ve Qing Hanedanları döneminde tütsü aletleri çok çeşitliydi. Bu tür alet imparatorluk ailesinin, aristokratların, hatta aydınların okuma odalarındaki vazgeçilmez bir süs eşyasıydı.

青玉镂雕花卉蟠龙香筒
明（1368－1644年）
高19.3、口径4.4厘米
传世品
故宫博物院藏

**Gri yeşim taşından yapılan çiçek motifler oyulmuş tütsüler konulan kap**
Ming Hanedanı dönemi(1368-1644)
Yüksekliği: 19.3 cm, Ağız Çapı: 4.4 cm
Kuşaktan kuşağa aktarılan eser
Bulunduğu Yer: Yasak Kent Müzesi

**Jade Incense Tube with Engraved Floral and Dragon Design**
Ming Dynasty (1368-1644)
19.3 cm in height and 4.4 cm in top diameter
Housed by the Palace Museum

通体以蓝色珐琅为地，以彩色珐琅为纹。盖面饰缠枝的灵芝七朵。此器外底中央有掐丝填彩釉"大明万历年造"款识，为万历朝独有的做款方式。

Zemini lacivert olan bu kutunun kapağının üzerinde yedi tane mantar motifi vardır. Bu kutunun tabanında "Ming Hanedanı Wanli Dönemi'nde yapılmıştır" yazılı damga bulunur.

**掐丝珐琅灵芝纹铜胎圆盒**
明·万历（1573—1620年）
高4.3、口径10.2、足径10.2厘米
传世品
故宫博物院藏

**Bakırdan yapılan ve üzerinde mantar motifi bulunan yuvarlak kutu.**
Ming Hanedanı Wanli dönemi(1573-1620)
Yüksekliği: 4.3 cm, Ağız Çapı: 10.2 cm, Taban Çapı: 10.2 cm
Kuşaktan kuşağa aktarılan eser
Bulunduğu Yer: Yasak Kent Müzesi

**Enamel Case with Bronze Body and Ganoderma Design**
Emperor Wangli's reign of Ming Dynasty (1573-1620)
4.3 cm in height, 10.2 cm in top diameter and10.2 cm in bottom diameter
Housed by the Palace Museum

成为贮藏茶叶的器具。腹部凸起三棱呈三段竹节式，外壁以斗彩为饰。以单一绿彩装饰器物，明代成化年间已有。

Kuru çay yapraklarının saklandığı kap. Ortası kabarmış olan bu eser, bambu dalını andırır. Bu tür eser, Ming Hanedanı Chengdai döneminde üretilmeye başlanmıştır.

景德镇窑斗彩绿竹纹竹节罐
清·康熙（1662—1722年）
高16、口径4.5、足径11.8厘米
传世品
故宫博物院藏

**Jingdezhen seramik fırınında üretilen sarı yeşil bambu motifli kap**
Qing Hanedanı Kangxi dönemi(1662-1722)
Yüksekliği: 16 cm, Ağız Çapı: 4.5 cm, Taban Çapı: 11.8 cm
Kuşaktan kuşağa aktarılan eser
Bulunduğu Yer: Yasak Kent Müzesi

**Overglazed Bamboo-joint Shaped Porcelain Vase with Bamboo Design**
Emperor Kangxi's reign of Qing Dynasty (1662-1722)
16 cm in height ,4.5 cm in top diameter and 11.8 cm in bottom diameter
Housed by the Palace Museum

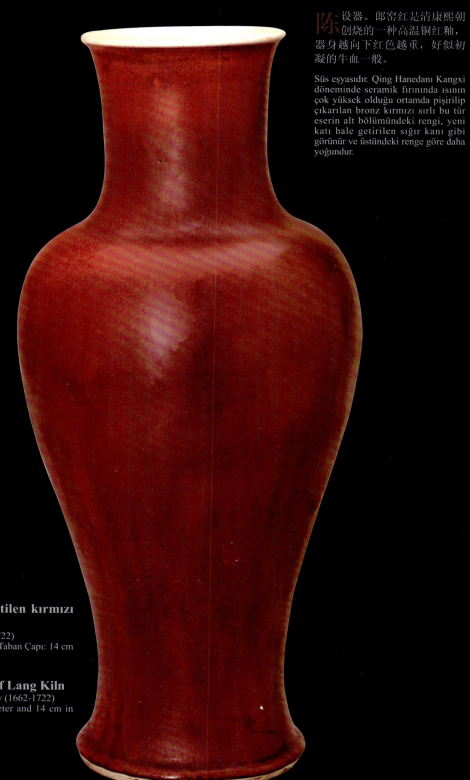

陈设器。郎窑红是清康熙朝
创烧的一种高温铜红釉，
器身越向下红色越重，好似初
凝的牛血一般。

Süs eşyasıdır. Qing Hanedanı Kangxi
döneminde seramik fırınında ısının
çok yüksek olduğu ortamda pişirilip
çıkarılan bronz kırmızı sırlı bu tür
eserin alt bölümündeki rengi, yeni
katı hale getirilen sığır kanı gibi
görünür ve üstündeki renge göre daha
yoğundur.

郎窑红釉瓶
清·康熙（1662－1722年）
高48、口径12.6、足径14厘米
传世品
故宫博物院藏

**Lang seramik fırınında üretilen kırmızı
sırlı vazo**
Qing Hanedanı Kangxi dönemi (1662-1722)
Yüksekliği: 48 cm, Ağız Çapı: 12.6 cm, Taban Çapı: 14 cm
Kuşaktan kuşağa aktarılan eser
Bulunduğu Yer: Yasak Kent Müzesi

**Red Glazed Porcelain Vase of Lang Kiln**
Emperor Kangxi's reign of Qing Dynasty (1662-1722)
48 cm in height ,12.6 cm in top diameter and 14 cm in
bottom diameter
Housed by the Palace Museum

**通**体青花为饰。底书"大清
雍正年制"六字三行篆书
款。此瓶为仿宣德青花器的精
良之作。

Her tarafı lacivert renkli desenli olan
bu eserin tabanında "Qing Hanedanı
Yongzheng Döneminde yapılmıştır"
yazılı damga vardır. Bu eser, Ming
Hanedanı Xuande dönemine ait
lacivert desenli eserlere göre taklit
edilmiştir.

景德镇窑青花折枝花果纹双耳扁瓶

清·雍正（1723-1735年）
高28.8、口径4、底径11.5×7.8厘米
传世品
故宫博物院藏

**Jingdezhen seramik fırınında üretilen
lacivert renkli meyve ağaç dalları desenli
çift kulplu matara**
Qing Hanedanı Yongzheng dönemi(1723-1735)
Yüksekliği: 28.8 cm, Ağız Çapı: 4 cm, Taban genişliği:
11.5cm×7.8 cm
Kuşaktan kuşağa aktarılan eser
Bulunduğu Yer: Yasak Kent Müzesi

**White and Blue Porcelain Pot with Fruit
and Floral Design and Two Ears**
Emperor Yongzheng's reign of Qing Dynasty (1723-1735)
28.8 cm in height , 4 cm in top diameter and 11.5×7.8 cm in
bottom diameter
Housed by the Palace Museum

藏草瓶是清代朝廷赏赐西藏僧侣的特殊器皿，主要用以插草供物，故名"藏草瓶"。瓶通体绿釉为地，粉彩为饰，典雅清新。

Bu şişe, Qing yönetimi tarafından Tibetli rahiplere hediye edilen özel alettir. İçine ot konulan bu şişe ataları anmada kullanılır.

景德镇窑粉彩勾莲纹藏草瓶

清·乾隆（1736—1795年）
高15.8、口径1.5、足径5.1厘米
传世品
故宫博物院藏

### Jingdezhen seramik fırınında üretilen ot konulan renkli desenli şişe

Qing Hanedanı Qianlong dönemi(1736-1795)
Yüksekliği: 15.8 cm, Ağız Çapı: 1.5 cm, Taban Çapı: 5.1 cm
Kuşaktan kuşağa aktarılan eser
Bulunduğu Yer: Yasak Kent Müzesi

### Rose Porcelain Lotus Vase with Interlaced Pattern

Emperor Qianlong's reign of Qing Dynasty (1736-1795)
15.8 cm in height, 1.5 cm in top diameter and 5.1 cm in bottom diameter
Housed by the Palace Museum

## 景德镇窑蓝地描金花卉诗句纹壁瓶

清·乾隆（1736-1795年）
高21、宽12.5厘米
传世品
故宫博物院藏

### Jingdezhen seramik fırınında üretilen lacivert zeminde altın renkli çiçekli vazo

Qing Hanedanı Qianlong dönemi(1736-1795)
Yüksekliği: 21 cm, Genişliği: 12.5 cm
Kuşaktan kuşağa aktarılan eser
Bulunduğu Yer: Yasak Kent Müzesi

### Blue-ground Gilt Wall Vase with Floral and Poetry Design

Emperor Qianlong's reign of Qing Dynasty (1736-1795)
21 cm in height and 12.5 cm in width
Housed by the Palace Museum

**壁** 瓶是悬挂于斋堂墙壁上的装饰物，可作插花之用。此瓶为半面葫芦式，上腹开光内绘折枝花卉图，下腹开光内书乾隆御制诗。

Evin giriş bölümünde duvarlarda süs eşyası olarak asılan bu vazonun içine çiçek konabilir. Sukabağı şeklindeki bu vazonun üst bölümünde çiçek desenleri, alt kısmında ise imparator Qinglong'un şiir mısraları bulunur.

青玉凤衔牡丹纹水丞
清（1644—1911年）
高10.5、长15.6厘米
传世品
故宫博物院藏

**Yeşim taşından yapılan su kabı**
Qing Hanedanı dönemi(1644-1911)
Yüksekliği: 10.5 cm, Uzunluğu: 15.6 cm
Kuşaktan kuşağa aktarılan eser
Bulunduğu Yer: Yasak Kent Müzesi

**Jade Water Container with
Phoenix Picking Peony Design**
Qing Dynasty (1644-1911)
10.5 cm in height and15.6 cm in length
Housed by the Palace Museum

水丞，用于贮水捵砚，多配有小勺。此器青玉质，整器作卧凤形，具有丰富的艺术价值和文化内涵。

Mürekkep taşına su eklemek için kullanılan su kabıdır. Genellikle yanında küçük bir kaşık bulunur. Yatan anka kuşu şeklindeki bu eser yüksek sanatsal ve kültürel değer taşıyor.

青玉鱼龙变化水草花插

清（1644—1911年）
高18.7、宽16.1厘米
传世品
故宫博物院藏

**Gri yeşim taşından yapılan çiçek tablası**
Qing Hanedanı dönemi(1644-1911)
Yüksekliği: 18.7 cm, Genişliği: 16.1 cm
Kuşaktan kuşağa aktarılan eser
Bulunduğu Yer: Yasak Kent Müzesi

**Jade Flower Receptacle with Fish and Dragon Design**
Qing Dynasty (1644-1911)
18.7 cm in height and 16.1 cm in width
Housed by the Palace Museum

花插兴起于宋代，为室内陈
设器具之一。此器整器圆
雕作龙首、鱼身的鱼龙形象。
龙首鱼身之形隐含由鱼向龙转
变之意，是仕途腾达的象征。

Song Hanedanı döneminde ortaya
çıkan çiçek tablası, odada kullanılan
süs eşyalarından biridir. Üst kısmı
ejderha başı şeklinde, gövdesi ise
balık figürü şeklinde oyulan bu eser,
balıktan ejderhaya dönüşerek, bir
kişinin rütbesinin sürekli yükseldiğini
anlatıyor.

陈 设器。出戟尊造型源于商
周青铜器，乾隆时期清宫
玻璃厂的烧造水平十分高超，
玻璃质地精纯且色彩丰富。

Süs eşyası. Tsun vazosunun
şekli, Shang-Zhou Hanedanları
dönemindeki bronz aletlerden
kaynaklanıyor. Qing Hanedanı
Qianlong döneminde Qinggong cam
fabrikasında yapım seviyesi çok
yüksek düzeye ulaştı. Bu fabrikadan
çıkan cam eserler sade ve çok çeşitli
renktedir.

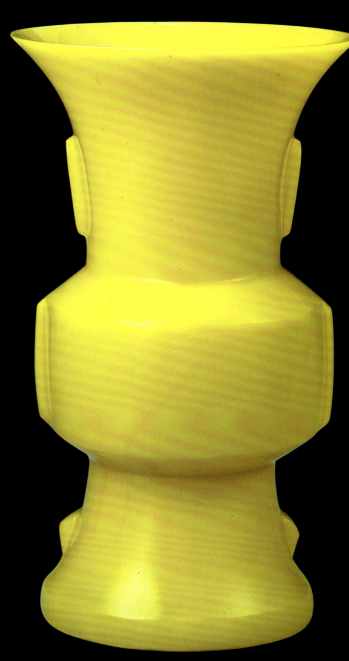

鸡油黄玻璃出戟尊
清·乾隆（1736-1795年）
高22.5、口径13.4、底径10.2厘米
传世品
故宫博物院藏

**Tavuk yağı sarısı renkli cam Tsun vazosu**
Qing Hanedanı Qianlong dönemi(1736-1795)
Yüksekliği: 22.5 cm, Ağız Çapı: 13.4 cm, Taban Çapı:
10.2 cm
Kuşaktan kuşağa aktarılan eser
Bulunduğu Yer: Yasak Kent Müzesi

**Yellow Vitreous *Zun* (wine vessel) with
Vertical Flanges**
Emperor Qianlong's reign of Qing Dynasty (1736-1795)
22.5 cm in height, 13.4 cm in top diameter and 10.2 cm in
bottom diameter
Housed by the Palace Museum

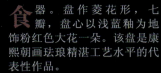

食器。盘作菱花形，七瓣，盘心以浅蓝釉为地饰粉红色大花一朵。该盘是康熙朝画珐琅精湛工艺水平的代表性作品。

Yemek aleti. Bu tabağın merkezinde büyük bir pembe renkli çiçek çizilmiştir. Bu tabak, imparator Kangxi dönemindeki mineli eserlerin bir örneğidir.

画珐琅缠枝花卉纹菱花式盘
清·康熙（1662-1722年）
高2.6、口径17.2、足径8.3厘米
传世品
故宫博物院藏

**Çiçek motifli mineli tabak**
Qing Hanedanı Kangxi dönemi(1662-1722)
Yüksekliği: 2.6 cm, Ağız Çapı: 17.2 cm, Taban Çapı: 8.3 cm
Kuşaktan kuşağa aktarılan eser
Bulunduğu Yer: Yasak Kent Müzesi

**Painted Enamel Plate with Design of Winding Branches of Flowers**
Emperor Kangxi's reign of Qing Dynasty (1662-1722)
2.6 cm in height, 17.2 cm in top diameter and 8.3 cm in bottom diameter
Housed by the Palace Museum

花插类陈设器。瓶肩部环管状孔五个，是为六孔或六颈瓶。通体以黄色珐琅为地，饰缠枝的花卉纹。六颈瓶源于宋瓷造型。

Çiçek konulan süs eşyası. Vazonun üst kısmında beş ağzı vardır. Toplam altı ağzı olan bu vazonun şekli, Song Hanedanı dönemindeki porselenlerden kaynaklanmıştır.

画珐琅缠枝花卉纹六颈瓶
清·雍正（1723—1735年）
通高12、内口径5.3、足径6.1厘米
传世品
故宫博物院藏

**Çiçek motifli mineli vazo**
Qing Hanedanı Yongzheng dönemi(1723-1735)
Yüksekliği: 12 cm, Ağız Çapı: 5.3 cm (en geniş yeri),
Taban Çapı: 6.1 cm
Kuşaktan kuşağa aktarılan eser
Bulunduğu Yer: Yasak Kent Müzesi

**Painted Enamel Bottle with Design of Winding Branches of Flowers**
Emperor Yongzheng's reign of Qing Dynasty (1723-1735)
12 cm in height, 5.3 cm in top diameter and 6.1 cm in bottom diameter
Housed by the Palace Museum

## 紫檀木楼时刻钟

清（1644－1911年）
高38、宽23.5、厚14.5厘米
传世品
故宫博物院藏

### Padauk ağacından yapılan saat

Qing Hanedanı dönemi(1644-1911)
Yüksekliği: 38 cm, Genişliği: 23.5 cm, Kalınlığı: 14.5 cm
Kuşaktan kuşağa aktarılan eser
Bulunduğu Yer: Yasak Kent Müzesi

### Red Sandalwood Imperial Table Clock

Qing Dynasty (1644-1911)
38 cm in height, 23.5 cm in width and 14.5 cm in thickness
Housed by the Palace Museum

钟 壳木质，钟体左右两侧面饰铜镀金镂空花板，黄地画珐琅表盘。中国钟表制造业的开端是在明代万历年间，清代乾隆年间内廷造办处已能制造出具有东方独特风格的钟表。

Çerçevesi padauk ağacından yapılan bu saatin sağ ve sol yanlı üzerine bronz kaplanmış altın renkli oylum tahtasıyla süslenmiştir. Saat kadranı sarı renkli mineden yapılmıştır. Çin'de saat yapımı, Ming Hanedanı Wanli döneminde başladı. Qing Hanedanı Qianlong döneminde resmi fabrikada Doğu üsulü saatler üretilmiştir.

**铜** 镀金钟壳，钟顶部有五个
立柱构成的空间可以放帽
子，故名冠架式钟。

Bronz kaplanmış altın renkli saatin
üstünde 5 dik çıkıntıya şapka
takılabilir. Bu nedenle bu saat,
şapka askısı şeklindeki saat olarak
adlandırılıyor.

**铜镀金镂空套冠架式钟**
清（1644—1911年）
高29、底径14厘米
传世品
故宫博物院藏

**Bronz kaplanmış altın renkli saat**
Qing Hanedanı dönemi(1644-1911)
Yüksekliği: 29 cm, Taban Çapı: 14 cm
Kuşaktan kuşağa aktarılan eser
Bulunduğu Yer: Yasak Kent Müzesi

**Imperial Table Clock with Gilt Bronze
Hatstand**
Qing Dynasty (1644-1911)
29 cm in height and 14 cm in bottom diameter
Housed by the Palace Museum

炉 盖有镂空纹饰，炉身用线刻的手法刻有各种花卉纹饰。造型独特，錾刻工艺精致。

Buhurdanın kapağı üzerinde oylum motif vardır ve gövdesine elle çeşitli çiçekler oyulmuştur. Özgün bir şekle bu buhurdan, yüksek oyma sanatı değeri taşıyor.

### 锡嵌铜边香炉
清（1644－1911年）
高15、口径9厘米
传世品
故宫博物院藏

**Gövdesi kalay, kenarı ise bakırdan yapılan buhurdan**
Qing Hanedanı dönemi(1644-1911)
Yüksekliği: 15 cm, Ağız Çapı: 9 cm
Kuşaktan kuşağa aktarılan eser
Bulunduğu Yer: Yasak Kent Müzesi

**Brass Round Tin Incense Burner**
Qing Dynasty (1644-1911)
15 cm in height and 9 cm in top diameter
Housed by the Palace Museum

紫檀木边座嵌珐琅插屏
清（1644—1911年）
高58、长50、宽13厘米
传世品
故宫博物院藏

**Çerçevesi padauk ağacından yapılan mineli paravan**
Qing Hanedanı dönemi(1644-1911)
Yüksekliği: 58 cm, Uzunluğu: 50 cm, Genişliği: 13 cm
Kuşaktan kuşağa aktarılan eser
Bulunduğu Yer: Yasak Kent Müzesi

**Red Sandalwood Table Screen with Inlaid Enamel on the Bottom**
Qing Dynasty (1644-1911)
58 cm in height, 50 cm in length and 13 cm in width
Housed by the Palace Museum

**紫**檀木镶嵌珐琅家具。此
对屏风是在桌案上摆设
的，所以也可以称为桌屏。两
屏画面描绘的均为江南山村的
稻田和民居，应是乾隆时期的
作品。

Çerçevesi padauk ağacından yapılan
mineli paravan. Bu çift paravana
masa üzerinde konmasından dolayı
"masa paravanı" da denir. Paravan
üzerinde Çin'in güney bölgesindeki
köylerde bulunan evler ve tarla
manzarası çizilmiştir. Bu eser,
Qianlong dönemine aittir.

# C 结 语
## ONCLUSION

　　中国历史是华夏大地各个民族组成的中华民族传承和发展的历史。从荒蛮到文明，从原始到现代，源远流长，绵延不断，是世界上最古老最具影响力的文明之一。古代的中国，曾依靠先进的文化和发达的生产力建立了诸多鼎盛强大的王朝，文化影响遍及欧亚大陆；当代的中国蓬勃发展，在坚持自己和平发展的同时，将致力于维护世界的和平，促进各国共同发展繁荣。

# SONSÖZ

Çin tarihi, Çin'de yaşayan farklı etnik gruplardan oluşan Çin milletinin gelişme tarihidir. İlkel dönemden çağdaş döneme kadar, çok eskilerden gelen ve sürekli gelişen Çin uygarlığı, dünyadaki en eski ve en etkili uygarlıklardan biridir. Eski çağlarda Çin'de ileri kültür ve üretim gücüne dayanarak güçlü hanedanlar kuruldu. Kültürel etkileri Avrupa ve Asya kıtalarına yayıldı. Çağdaş Çin hızlı şekilde gelişiyor. Çin, barışçı gelişme ilkesi doğrultusunda dünya barışını korumaya ve ülkelerin ortak gelişmesine katkı yapma çabalarını sürdürüyor.

# 华夏瑰宝衔欧亚津梁

## ——由"华夏瑰宝展"看丝绸之路与中土交流

中国文物交流中心 姚安

中国与土耳其分处亚洲大陆的东西两端，两国间的友好交往源远流长。早在一千多年以前，古老的丝绸之路就把两国人民紧密联系在一起——中国是丝路的起点，土耳其既是丝路在亚洲的终点，也是沟通欧亚的黄金桥梁。一千多年来，丝绸之路上留下了中土人民友好交流的光辉印记，也留下了中西文化碰撞交融的文明火花。如今，以"丝路之源，魅力中国"为主题的"中国文化年"在土耳其隆重启动。作为"文化年"交流项目，在土耳其伊斯坦布尔举办的"华夏瑰宝展"将展出百余件极具代表性的中国文物精品，其中既有中国博物馆的传世珍品，又有近数十年丝路沿线的考古发现，时间涵盖了从新石器时代直至清朝近五千年的历史。这次展览旨在对中华民族的悠久历史和丝绸之路的璀璨文化加以诠释，使土耳其观众领略到中国传统文化的丰富内涵和独特魅力，借以增进中土两国人民的传统友谊。

## 一 早期中国的丝路之源

展览以良渚文化的玉器和马家窑文化的陶器拉开序幕，这些文物产生于四五千年前的新石器时代晚期。在这一时期，中华文明曙光初萌，欧亚大陆上不同区域的人群也开始往来迁徙，各种古文明相互接触，相互影响，相互交流。这些文明的交流路线一直没有一个特定的概括性名称，直到1877年，德国地理学家李希霍芬才在其著作《中国——我的旅行成果》一书中首次使用"丝绸之路"（Seidenstrassen）之名，并将其定义为："从公元前114年到公元127年之间，连接中国与河中（阿姆河与锡尔河之间的中亚地区）以及中国与印度，以丝绸贸易为媒介的西域交通路线。"[1]这一名称得到了东西方学者的广泛认同，并从此传诵于世。此后，随着对丝绸之路研究的加深，对丝路西端的认知也由中亚、南亚延伸到了西亚乃至欧洲。

丝绸之路这一世界性的文化交流之路是以丝绸贸易作为主要媒介的，在世界最古老的六大文明体系中，只有中国使用丝纤维制品[2]。而中国文明对欧亚大陆其他古代文明所产生的影响，也要由中国发明丝绸及其向世界的传播说起。

[1] Ferdinand von Richthofen, *China, Ergebnisse eigener Reisen und darauf gegründeter Studien*, Bd. 1, p.454, Berlin, 1877.

[2] 赵丰：《丝绸艺术史》，第8、9页，浙江美术出版社，1992年。

早在新石器时代中期，生活在黄河和长江流域的中国先民们就已经开始进行家蚕养殖和原始的丝织业。在距今5000-3000年前的仰韶文化半坡遗址中，就发现了底部有丝绸印迹的陶器。在距今4500年前的浙江良渚文化遗址中，出土了最早的蚕丝实物——丝带、丝线和一块丝织绢片。同时期山东、河南的仰韶文化遗址中，也发现了丝绸以及家蚕的遗迹。

到了商代，黄河和长江流域的丝织业已经十分发达，我国的丝织技艺达到了相当高的水平，相继出现绢、绮和刺绣等多种丝绸品种。商代贵族墓中出土的青铜礼器上常留有丝绸的痕迹，可见它们是用丝绸进行包裹后下葬的。时至周代，人们对丝绸生产更为重视，陕西扶风的西周古墓中发现了工艺精美的玉蚕。东周时期的丝绸品种类更加丰富，增添了织锦等新型工艺。

随着丝绸的广泛应用和丝织技艺的提高，早期的丝绸之路也被开启。丝绸之路的前身就是有着六千多年历史的玉石之路。上古时代，我国中原与边疆、东方与西方的主要商贸交流，在丝绸之前是以和田玉为媒介的。和田玉首开我国对外交流的运输通道，它从和田一带出发，沿昆仑山北麓向东行进，经过罗布泊地区后折向东南进入河西走廊，出河西走廊后东渡黄河，最后沿渭水河谷抵达关中。以上路线主要根据考古发掘成果论证得出的，此外，古代典籍《穆天子传》和《山海经》中的记载，也为该路线提供了一定程度的印证。丝绸之路，就是后世的丝绸交易商人利用玉石之路这一古老通道发展起来的。

在对吐鲁番地区进行了广泛深入的考古工作后发现，在距今2200年以前的车师人墓地中，有相当数量的平纹绢、凤纹刺绣等丝织品，这些物品显然都来自于遥远的中原大地。这一实例有力地证明了，早在春秋战国时期，中国的丝缯就已远赴西域。"包括吐鲁番在内的新疆大地，作为欧亚大陆交通往来的重要通道，远远要早于公元前2世纪。"[3]这可以被视为丝绸之路的发端，这条道路，也是能确定下来的丝绸之路最早的路段之一。"自西周至春秋战国时期，这条道路上已经有中国的丝绸、铜器大量地运往中亚，传去的还有中国的天文、历法。丝绸更通过那些游牧民族间接地传到更加远的地方，甚至欧洲。"[4]

丝绸之路发端之时，正值中国青铜器文化走向发展的顶峰。作为上古三代文化与科技的代表，青铜器已跨越了一千五百余年的历史长河，由商代的华丽转向周代的古朴。祭祀、宴乐等礼仪活动是当时社会政治生活的重要组成部分，青铜器被统治阶层大量应用于礼仪场合。它们以独特的功能、繁多的种类、各异的造型、华丽的纹饰、丰富的铭文和精湛的工艺而著称于世，在世界文明史上占有重要的地位。此次赴展的19件商周青铜器，囊括了食器、酒器和礼器，真实地展现了我国青铜时代的历史风貌，也反映了这一时期中原王朝独特的礼乐文明。

[3] 王炳华：《访古吐鲁番》，新疆人民出版社，2001年。

[4] 石云涛：《早期中西交通与交流史稿》，学苑出版社，2003年。

## 二　两汉时期的丝路开启

秦兵马俑是这次展览中极为引人注目的展品，它们或持兵戈，或着甲胄，姿态各异。这些秦俑都出土于关中平原——秦人的肇兴之地，昭示着秦朝强盛的武力。秦朝与丝绸之路的开启有着深刻的渊源，他们正是凭借着强盛的武力，结束了华夏地区历时五百余年的分裂动荡，建立了统一的王朝，推动了中国社会的经济发展、文化融合，为丝绸之路的形成打下了坚实的基础。

汉代之初，由于高山峻岭和沙漠戈壁的阻隔，加之战争频仍，人们还没有找到一条直通西方的顺畅道路。此时，东方的汉朝兴盛起来，汉使张骞"凿空"西域，使丝绸之路全线贯通。尤以关中至安息之间这段漫长的"绿洲之路"空前繁荣，很快取代了从波斯至印度的东段南部丝绸之路的地位。此后这条道路成为整个丝绸之路系统中最重要的主干道，绵延千里，担负着连接中西的使命。

张骞出使西域之时，汉武帝刘彻刚刚即位不久，汉朝经历了六十多年的休养生息，经济发展，政权稳固。当时仓中粮食堆积如山，"陈陈相因，充溢露积于外，至腐败不可食。"[5] 国库中的钱币"累百巨万"[6]。为联络大月氏，时为郎官的张骞自告奋勇，出使西域。建元三年（前138年），张骞带领一百余人从长安起程，经陇西，过河西走廊，开始了这次前途未卜的冒险西行。但张骞一行离开陇西不久，就遭到匈奴骑兵的劫掠，使团被押往远在东北千里之外的匈奴王庭（今蒙古乌兰巴托以南）。张骞在这里羁留了10年之久，终趁匈奴松懈之机带随从甘父逃离，在妫水河（今阿姆河）流域找到了大月氏。张骞于元朔三年（前126年）回到长安，此次出使西域，历时13年，去时一百多人的使团，只有张骞和甘父平安返回。

元狩二年（前121年），汉朝取得了首次西域之战的胜利，通往西域的河西走廊第一次掌握在汉朝的手中。元狩四年（前119年），汉武帝采纳了张骞的建议，派其再次出使西域，与乌孙结好。汉武帝十分重视这次出使，希望借此使汉朝达到"广地万里，重九译，致殊俗，威德遍于四海"[7] 的目的。张骞率领三百多人的使团，携大量钱币、丝绸、牛羊作为礼物，向乌孙（今吉尔吉斯斯坦境内）进发。此次出使使汉朝与乌孙建立了友好关系，并通过副使联系了康居、大月氏、大夏、安息（今伊朗）、身毒（今印度）等国。这些国家都对汉朝的使节表示欢迎，并纷纷派出使团回访长安，与汉朝通好。

至此，丝绸之路的主干道得以全面贯通，汉王朝也与中亚、南亚的多个国家建立了直接的官方联系。为保证丝路畅通，西汉政府在河西走廊设

[5]（西汉）司马迁：《史记·平准书》，中华书局，1982年。

[6] 同[5]。

[7]（北宋）司马光：《资治通鉴·汉纪》，中华书局，2011年。

置了武威、酒泉、张掖、敦煌四郡，立玉门关与阳关两座关隘，又在四郡北侧建两条长城，移民戍兵，加以驻守。之后设立了西域都护府，直接管理西域事务。在政府的支持和保护下，东西方经济、文化交流的范围和规模得以扩大，丝绸之路长时期保持畅通，呈现一派繁荣景象。

两汉之交，中原战乱，匈奴借机占据丝路北道，西域各国也纷纷倒向匈奴，中原王朝失去了与西域的官方联系。但这一时期的丝路并未断绝，正是以丝绸之路为纽带，域外宗教在中国传播开来。永平七年（64年），汉明帝刘庄因夜梦金人，遂遣使西域拜求佛法。永平十年（67年），印度高僧迦叶摩腾和竺法兰经丝路抵达洛阳，他们是最早来到中国的僧人。汉明帝因此敕建白马寺，成为中国最早的佛寺。两位高僧在白马寺译出了《四十二章经》、《十地断法》等佛经，中国佛教自此开始传播。

汉明帝末年，经过半个多世纪的休养生息，东汉国内政治稳固，社会经济逐渐恢复，迎来了重进西域、贯通丝路的大好时机。永平十六年（73年），汉明帝令窦固、耿忠出击匈奴，胜利夺回了伊吾（今新疆哈密）地区，并驻军屯守。但匈奴势力庞大，仍然控制着西域诸国。在这紧急时刻，汉使班超临危受命，出使西域。在他的努力下，鄯善、于阗、疏勒等西域国家一致归顺汉朝。汉朝重置西域都护府，与西域中断了六十年的官方联系重新恢复，丝路南道得以复通。

此后的半个世纪，时局变换，匈奴屡次反攻西域，丝绸之路也一再断绝。期间班超在西域苦心经营三十年，加之其子班勇秉承父志，汉朝政府得以保持对西域的控制。

永元九年（97年），奉班超之命，甘英出使大秦（罗马帝国）。他率领使团从龟兹出发，经条支（今伊拉克境内）、安息（波斯帕提亚王国，今伊朗境内）诸国，到达了安息西界的西海（今波斯湾）沿岸。这次出使虽未到达大秦，但增进了中国人对中、西亚各国的了解，也是当时中国人最远的一次西行探险，为后世丝绸之路的西延和中国、罗马中西两大文明的交汇，作出了巨大贡献。

此次赴展的汉代铠甲武士俑等一系列与武备有关的展品，反映了两汉时期强盛的军事力量和尚武的民族精神。正是有这种军事基础和精神动力作为后盾，成就了西汉丝路的开启，东汉丝路的和平与繁荣。国门打开之后，中国先进的技术逐渐西传，有力地推动了中亚、西亚、南亚，以至欧洲国家历史发展的进程。

## 三 隋唐时期的丝路鼎盛

从东汉末年到隋朝建立的近四百年时间里，由丝绸之路连接的欧亚大陆动荡异常。丝路东端，中国历史进入了三国两晋南北朝的分裂时期；丝

图1 联珠小团花纹锦
唐（618-907年）
1973年新疆维吾尔自治区吐鲁番市阿斯塔那
211号墓（653年）出土
Fotoğraf 1: Boncuk ve küçük çiçek desenli ipek
Tang Hanedanı (618-907)
Xinjiang uygur özerk Bölgesi Turfan bölgesinde
bulunan Astana 211 numaralı mezarından (653
yılı) 1973 yılında çıkarılmıştır.

路西端，罗马、波斯、贵霜帝国也经历着相互征伐和王朝更替；丝路沿途，则有众多游牧部族角逐争雄。在此情况下，丝路往来虽未中绝，但远不如两汉时期那么顺畅、频繁，东西方的交往受到了严重的阻碍。

隋朝建立之后，在吐谷浑故地设立了河源（今青海湖南岸）、西海（今青海湖西岸）、鄯善（今新疆罗布泊西南）、且末（今新疆且末）四郡，又在伊吾修筑城池，丝路得以畅通，沿途安全得到了保障。西域各国纷纷向隋朝遣使，"相率而来朝贡者四十余国"[8]，中原与中亚、南亚的联系又密切起来。大业五年（609年），隋炀帝亲巡河西走廊，到达武威、张掖等地，西域二十七国国王、使者、商旅也来到张掖朝拜，使得河西走廊车水马龙、热闹非凡，此次盛举被历史学家称为古丝绸之路上的"万国博览盛会"。

经过了隋末的短暂动荡，唐朝建立。唐太宗统治时期，政治清明，军事强盛，人才辈出，为唐朝专心经营西域提供了良好的条件。贞观十四年（640年），唐军攻灭高昌国，在高昌故地设立安西都护府。贞观二十二年（648年）攻占龟兹，将安西都护府迁于此，以龟兹、于阗、疏勒、碎叶为安西四镇。唐高宗于显庆二年（657年）将广大中亚地区纳入治下，并在阿姆河、锡尔河间的河中地区设立羁縻都督府。长安二年（702年），武则天又在庭州（今新疆吉木萨尔县）设立北庭都护府。

至此，西域统一，在唐朝中央政府的直接管理、经营下，丝绸之路更加通达，唐朝也进一步拓宽了与西域各国的贸易渠道，扩大了与西方交往的范围，丝绸之路进入了最为鼎盛的发展阶段。据《唐六典》记载，唐朝曾与三百多个国家和地区进行过正式交往，其中印度、波斯和阿拉伯帝国与唐朝往来密切。据载，唐代波斯使者往来长安四十余次，带来了大量大象、犀牛、狮子等中原没有的物种，开创了中外文化交流的新纪元；大食向唐朝遣使也近四十次，且在安史之乱时出兵勤王，帮助唐朝收复了长安、洛阳。唐朝也向外国派驻使节，其中最引人注目的当属王玄策，他在十余年间三次出使印度。出使途中遭遇兵乱，不幸成为俘虏。王玄策颇有前辈班超的风范，他机智逃出，并争取到西域友邦的援兵，随后率军攻陷敌城，活捉敌首，大扬唐朝国威。

在与唐朝的交往中，许多西域人因乐慕中原生活而定居下来，当时在长安、洛阳的胡人超过十万，他们或经商，或习艺，有的还身居高职。与西域的密切交流使唐朝流行着西域风尚，西域的饮食、服饰、舞乐都被中

[8]（唐）杜佑：《通典·边防典·西戎》，中华书局，1984年。

原汉人所追捧。唐都长安也因流连的外国人和浓郁的西域文化而成为了当时的国际化大都市。

这一时期的出土文物大多带有浓郁的异域风情,有姿态各异的胡人俑,有以西域乐器为造型的彩绘陶羯鼓,还有鎏金高足杯和瑞兽葡萄纹铜镜。在新疆吐鲁番阿斯塔那古墓群发现的唐代丝织品中,联珠纹、花鸟纹等都是波斯锦特有的纹样,传入中国后,成为唐代流行的织锦纹样(图1、2),这些都反映了唐代文化的开放性以及丝绸之路为中原文化注入的新鲜元素。本着这种开放性,各国使者、商人、僧侣和留学生等不顾千山万水阻隔,争相与唐朝交往,使丝绸之路空前繁荣。而外来的思想、文化和生活习俗对唐朝社会也产生了很大影响,"胡豆"、"胡椒"、"胡萝卜"是唐人饮食中常见的佳肴,"胡酒"、"胡姬"、"胡帽"、"胡乐"是盛极一时的长安风尚,唐代出土的胡人俑数量之多也是其他时代所不及的。

## 四 元明清时期的丝路兴衰

唐代后期,吐蕃崛起,占据了丝路要道,东西交通又被阻塞。之后经过五代十国半个世纪的混战征伐,又有辽宋夏金三百余年的割据对抗,丝绸之路被相互对立的政权分割把持。这段时期内,丝路虽然依旧存在、发展,仍有使者、商旅往来其间,但受中国动荡局势的影响,沿途关隘梗塞,劫掠频闻,加之中国经济重心的南移,造船业和航海技术的发展,南方海路交通空前繁荣。原来的丝绸之路则由盛而衰,在东西交通中不再居于主导地位,昔日的繁华景象已经荡然无存。

正当丝路走向衰败之际,东方草原上崛起了一支震惊世界的力量——大元帝国,他们重新书写了丝路的历史。成吉思汗及其子孙发动了规模浩大的西征和南征,建立起一个横跨亚欧大陆的帝国,摧毁了横亘于东西方交流之路上的种种障碍,为元代丝绸之路的恢复提供了有利的环境。基于政治军事需要,更是为加强中央对边远地区的控制,元帝国自窝阔台起开始实施"站赤"制度,"盖以通达边情,布宣号令"[9]。蒙古人在东起黄海,西至多瑙河的广阔土地上设立了一万多处驿站,形成了空前庞大严密的欧亚交通网络体系,丝绸之路得以全线畅通。在这种局面下,欧亚许多国家的大量人口经丝

[9] (明)宋濂:《元史·兵志·站赤》,中华书局,1976年。

图2 花鸟纹锦
唐(618-907年)
1966年新疆维吾尔自治区吐鲁番市阿斯塔那48号墓出土
Fotoğraf 2: Çiçek ve kuş desenli ipek
Tang Hanedanı (618-907)
Xinjiang uygur özerk Bölgesi Turfan bölgesinde bulunan Astana 48 numaralı mezarından 1966 yılında çıkarılmıştır.

绸之路进入中原，我国与西方的交往进一步加深，一度衰落的丝绸之路重新勃兴起来。

明朝兴起之初，中国的航海事业长足发展，海路昌盛使陆上丝绸之路的地位进一步下降。但丝路上的往来和贸易并未立即衰败，因为对中、西亚各地而言，丝绸之路仍是到达中原地区最便捷的途径。明初的半个世纪，随着中亚帖木儿帝国的兴起，加之洪武、永乐两朝皇帝较为进取的外交策略，两国外交使节往来不断，丝路一度非常活跃。洪武二十八年（1395年），明朝派遣傅安、郭骥率领1500人的庞大使团赴帖木儿帝国访问。永乐年间，明朝继续与帖木尔的继承者保持友好往来的关系，李达、陈诚等使节率团多次西访，远至中亚古城撒马尔罕（今乌兹别克斯坦撒马尔罕）和西亚名都哈烈（今阿富汗赫拉特）。两国使节的频繁往来，带动了丝路贸易，这一时期行进在丝绸之路上的商队络绎不绝且都十分庞大。据《明史》载，永乐年间，一个由北京返回撒马尔罕的商队，仅运货的骆驼就达八百多峰。但永乐皇帝去世之后，新君洪熙皇帝颁布了"停止四夷差使"[10]的命令，明朝的外交政策转向保守。之后随着明朝国力的下降和15世纪起欧洲到东方新航路的开通，西域古道上使团往来的胜景渐成绝响。

清朝建立之后，由于西方海路进一步代替陆路，加之中国西北准噶尔部的崛起和西域自然环境的恶化，原先繁忙的丝绸之路交通阻塞、城市破败、古道荒废、商旅萧条。这条曾为世界古代文明的进步立下丰功伟业的丝绸之路日渐衰落，昔日繁忙的千年古道最终沉寂下来，成为象征中西人民世代友好往来的历史遗迹。

这一时期的展品均为北京故宫博物院的皇家珍藏，以瓷器为主，既有宋代的五大名窑产品，又有元代的龙泉窑产品，还有明清的青花瓷。值得一提的是，这次展出将在土耳其故都伊斯坦布尔的托普卡帕老皇宫博物馆中举办。中国的皇家珍藏，陈列于土耳其皇宫，同时也被赋予了更多的象征意味。

## 五 古代中国与土耳其的丝路交流

土耳其的国土包括西亚的安纳托利亚半岛（也称小亚细亚），以及欧洲巴尔干半岛的东色雷斯地区。从古至今，由于特殊的地理位置，它一直是东西方交流的桥梁，也是丝绸之路上最重要的联结点。

早在公元前129年，罗马帝国在安纳托利亚半岛建立行省，首都为以弗所（今土耳其伊兹密尔市西南），这里成为罗马帝国的一部分。这一时期的丝绸之路，经张骞的"凿空"之后，最远只达安息（今伊朗），尚未延伸到安纳托利亚半岛。

[10]《明仁宗实录》，台北中央研究院历史语言所校勘影印本，1962年。

330年，东、西罗马帝国开始分裂，君士坦丁大帝将都城从罗马迁至君士坦丁堡（今天的伊斯坦布尔）。395年，东西罗马彻底分裂，东罗马帝国也被称为拜占庭帝国。此时中国对东罗马已有所认识，起初对其沿用西罗马的旧称——大秦，之后称之为拂菻或蒲林。《魏书》中有对东罗马帝国的相关记载，且精准描绘出其首都的地理位置，所谓"居两海之间"[11]，即指君士坦丁堡位于黑海与地中海之间。与此同时，东罗马对中国的了解也有所加深，他们沿袭西罗马的习惯，称中国为赛里斯国，时人著作也对中国的政治、经济和社会情况有所记述。

东罗马帝国通过丝绸之路与中国进行交通往来，是从东晋时期开始的。据《晋起居注》载："兴宁元年（363年）闰月，浦林王国新开通，前所奉表谒先帝，今遣到其国慰谕。"[12]此时的河西走廊与西域通道由凉州的张氏控制，张氏愿意接受东晋的封号，东晋到东罗马的丝路得以重新打通，东罗马的使者已经从陆路到达了东晋都城建康，时为晋穆帝在位时期，东罗马则由朱里安皇帝秉政。这是见于文献记载的，经由小亚细亚陆路，中国与东罗马的首次使节往来。同一时期，东晋使节也曾前往东罗马进贡方物，此次出使在西方文献中有所记载："把带来丝线和丝织物赛里斯人的使节传了上来，这都是由生活在他们国家的蜘蛛所织。这些使者还带来了服装，有的染作大红色，其余是素白色。"[13]

南北朝时期，东罗马与北魏来往频繁。时称东罗马为普岚国，据《魏书》所载，北魏文成帝太安二年（456年），哒哒、普岚国同时派使者到达北魏都城平城（今大同），这是东罗马与北魏官方往来的最早记录。四五世纪时，东罗马帝国与中国的交通是通过萨珊波斯作为中介进行的，此时东罗马的使节频繁出使北魏，且远赴中国南朝，主要目的就是为了打破波斯人对丝路贸易的垄断。到5世纪中叶，经过两百余年的战争后，东罗马同萨珊波斯终于达成了和平协议，从中国到安纳托利亚半岛丝路畅通无阻，沿途贸易往来繁盛。在哈来比、杜拉欧罗波、巴尔米拉和黑海北岸都出土过大量这一时期的中国丝绸残件；在中国北方也出土了大量拜占庭金币和仿制币，其多达46枚。它们是双方丝路往来频繁的佐证。

隋唐时期的中国，国力强盛，文化昌荣，声教泽被四方。尤以唐朝与域外各国的交流，其气象之恢宏，规模之庞大，居历代之首。古代典籍中留下了众多东罗马帝国与唐朝互遣国使的记载。东罗马此时的主要目的是想联合唐朝共同抗击新兴的阿拉伯势力。唐朝则从自身战略考虑，为避免与阿拉伯势力产生冲突，对东罗马的联合意向报以谨慎态度。当阿拉伯势力征服了伊朗高原之后，东罗马与唐朝的往来交流主要经由活跃在中亚的景教徒来完成。751年，高仙芝统率的唐朝军队在怛罗斯被阿拉伯军队击败后，唐朝势力退出西域，阿拉伯人成为中亚的霸主。景教徒见大势已去，自知难再有作为，故而不再为东罗马与唐朝的联合而奔忙，转而专注于中

[11]（北齐）魏收：《魏书·西域传》，中华书局，1974年。

[12]（北宋）李昉等：《太平御览》，卷七八，中华书局，1960年。

[13]【法】戈岱司编：《希腊拉丁作家远东古文献辑录》，第86页，中华书局，1987年。

国腹地的传教事业。东罗马帝国只好停止了与唐朝的官方接触。

宋朝史籍中称土耳其之地为鲁穆。北宋初年，鲁穆人马依泽来华，进入宋廷任司天监职，其子孙马氏家族在中国代代相传至今。[14]东罗马帝国与中国隔绝三个世纪之后，在元丰四年（1081年）重新恢复了使节往来。当年十月，东罗马使节沿丝绸之路，通过西大食（叙利亚）、于阗、回纥、青海抵达宋都汴梁（今开封）。《宋史》载其事，称东罗马帝国与宋朝"历代未尝朝贡，元丰四年十月，其王灭力伊灵改撒始遣大首领你厮都令厮孟判来献鞍马、刀、剑、真珠。"[15]元祐六年（1091年），使者又两次来华，宋朝回赠其珍宝玉帛。此后双方未见再有使节往还。

宋元之交，突厥塞尔柱王朝崛起，将今土耳其、伊朗、伊拉克的范围纳入版图。1221年，蒙古帝国摧毁了花剌子模的莫夫城，势力威胁到小亚细亚，罗姆苏丹国迫于压力，开始向蒙古称臣。1243年，蒙古征服了罗姆苏丹国，将其收为藩属。作为臣服国和藩属地的罗姆苏丹国，与元帝国保持着常年的朝贡往来和经济、文化交流，直到1308年被旭烈兀所建立的伊儿汗国所灭。

明代前期，由于地跨中西南亚的帖木儿帝国横空出世，丝路两端，明朝和奥斯曼帝国的交往受到阻碍。直到16世纪帖木儿帝国灭亡之后，两国才开始了正式的遣使往来。当时的奥斯曼帝国被明朝人称为鲁迷，据《明史》记载，嘉靖三年（1524年）、嘉靖五年（1526年）、嘉靖二十二年（1543年）、嘉靖二十七年（1548年）、嘉靖三十三年（1554年），鲁迷曾五次遣使。[16]人数最多时达九十多人。[17]这些使团来访，都是在奥斯曼帝国吞并埃及、攻战大不里士和巴格达之后，在一代雄主苏莱曼一世（1520-1566年）执政期间所进行的。伊斯坦布尔宫廷中所珍藏的成千上万件名贵瓷器，有可能即是历次友好交流的结果，是中土两国友谊的见证。

在清代，中国和土耳其的官方接触较为少见，仅有的几次也多经海路完成。但两国的民间交往或间接的经济往来仍维系不断。20世纪初，土耳其苏丹阿卜杜勒·哈米德二世在1901年迎来了登基二十五周年的庆典，清朝光绪皇帝派使节赠以精美的工艺品，上有纯金镶嵌的亭台、金银雕缕的人物和用珊瑚串连的林木。至今，这些宝物还陈列在伊斯坦布尔的托普卡帕老皇宫博物馆中，象征着一千多年来连绵不绝的中土友谊。

## 结语　托普卡帕老皇宫的中国珍宝

土耳其最大城市伊斯坦布尔曾经是奥斯曼帝国的首都，位于市内的托普卡帕老皇宫，现已成为了著名的博物馆，是世界上珍藏中国古代瓷器最多的博物馆之一。馆内藏有中国各式瓷器一万余件，其中的青花

[14] 杨怀中、余振贵主编：《伊斯兰与中国文化》，第144-159页，宁夏人民出版社，1995年。

[15] （元）脱脱：《宋史》，卷四十九，中华书局，1985年。

[16] （清）张廷玉：《明史》，第8626-8627页，中华书局，1974年。

[17] 《明世宗实录》，卷二八二，台北中央研究院历史语言所校勘影印本，1962年。

瓷，多产自元、明、清时期的龙泉和景德镇。这些珍贵的中国瓷器，或经海路舶来，或由丝绸之路运抵；或是来自西域商人的货品，或是来自东方皇帝的礼物；是中土两国人民友好往来的标志，也是东西方文化和平交往的见证。

由于这些瓷器来自遥远的东方，途经重重险阻，最终得以完好如初地进入皇宫，摆上皇家盛宴的餐桌，自然身价不菲，被人奉如拱璧。据托普卡帕老皇宫档案记载，这些珍贵的中国瓷器珍品并不能随便使用，而只能专门用于苏丹登基、寿辰、大婚及其他极其重要的庆典。如今，这座满藏中国瓷器的皇宫，迎来更多的华夏瑰宝，无论是庄严浑厚的商周青铜器，还是蜚声世界的秦始皇陵兵马俑，抑或是美轮美奂的唐三彩、宋瓷、明代金银器，每一件珍品都构思奇巧、工艺精湛，无不凝聚着华夏先民的历史与文明。

如今广泛深入的东西文化交流，在遥远的古代，需要通过丝绸之路方能实现；如今远赴重洋的华夏瑰宝，也曾是古代丝绸之路上的贵客。这条作为中土友谊桥梁的丝绸之路，是一条连接东西、沟通欧亚的和平之路；是一条传播中国文化、吸纳世界精华的文明之路；是一条促进贸易交往、推动经济繁荣的发展之路。这条穿越了千年沧桑的丝绸之路，作为中西文化交流的纽带，将在华夏瑰宝的映衬下焕发新的光彩。

# ÇİN HAZİNELERİ ASYA-AVRUPA'NIN BULUŞMA NOKTASINDA
## — "Çin Hazineleri Sergisi" üzerinden Çin-Türkiye Temasları

Çin Tarihi Eserler İletişim Merkezi    Yao An

Asya kıtasının doğu ve batı ucunda yer alan Çin ile Türkiye arasındaki dostça temaslar çok eskilere dayanmaktadır. 1000 yılı aşkın süre önce, eski İpek Yolu iki halkı yoğun bir şekilde birbirine bağlamıştır: Çin, İpek Yolu'nun başlangıcıdır; Türkiye ise İpek Yolu'nun bir kolunun Asya kıtasındaki bitiş noktasıdır, aynı zamanda Avrupa'yı ve Asya'yı birbirine bağlayan altın köprüdür. 1000 yılı aşkın süredir, İpek Yolu, Çin ve Türk halkları arasındaki dostça iletişime, ayrıca Çin ve Batı kültürleri arasındaki çatışmalara ve kaynaşmaya tanık olmuştur.

"İpek Yolu'nun Başlangıcı, Büyüleyici Çin" teması altında düzenlenen "Çin Kültür Yılı" etkinliği, Türkiye'de sürüyor. "Kültür Yılı" kapsamında İstanbul'de "Çin Hazineleri Sergisi" düzenlenip, Çin'in değerli tarihi eserlerinden 100 civarında seçme sergilenecektir. Sergilenen eserler arasında Çin'in önde gelen müzelerinin koleksiyonlarından paha biçilmez parçalar ve son yıllarda İpek Yolu güzergâhında yapılan arkeolojik keşifler bulunuyor. Sergi, Yeni Taş Çağı'ndan feodal Çin toplumunun son hanedanı olan Qing İmparatorluğu'na kadar, 5 bin yıla yakın tarihi kapsıyor. Sergi, Çin milletinin köklü tarihi ve İpek Yolu güzergâhındaki zengin kültürleri tanıtmayı, Türk izleyicilerin geleneksel Çin kültürünün zengin içeriğini ve büyüleyici cazibesini tanımasını sağlamayı, böylece iki halk arasındaki geleneksel dostluğu pekiştirmeyi amaçlıyor.

### 1. İpek Yolu'nun Kaynağı

Sergi, Liangzhu Kültürü'nü temsil eden yeşim taşı eşyalar ve Majiaoyao Kültürü'nü temsil eden çömlek aletlerle başlıyor. Bu tarihi eşyalar 4-5 bin yıl önceki Yeni Taş Çağı'nın geç zamanlarına aittir. Bu dönemde Çin uygarlığının ilk ışıkları kendini gösterirken, Avrasya kıtasında farklı bölgelerde yaşayan insanlar göç hayatına başlamıştır. Eski uygarlıkların iletişim yolları için uzun zamanda özgün ve nitelendirici bir isim bulunmamıştır. İpek Yolu ismi Alman coğrafyacı Ferdinand von Richthofen tarafından 1877 yılında verilmiştir. Richthofen, yazdığı "Çin Seyahat Anılarımda Kayıtlar"da İpek Yolu anlamındaki "Seidenstrassen" kelimesini kullanmıştır. Richthofen, İpek Yolu'nu M.Ö 114 ile M.S 127 yılları arasında oluşan, Çin'i Orta Asya bölgesine (Amuderya Nehri ile Siri Derya Nehri arasındaki coğrafya) ve Hindistan'a bağlayan, ipek ticaretine odaklanan bir ulaşım güzergâhı olarak tanımlamıştır. İpek Yolu ifadesi, hemen Doğulu ve Batılı bilim adamları tarafından geniş kabul görmüş ve dünyada benimsemiştir.

Daha Yeni Taş Çağı'nın orta döneminde, Sarı Nehir ve Yantze Nehri havzalarında yaşayan Çinlilerin ataları, evcil ipek böceği yetiştirmeye ve ipekçilikle uğraşmaya başlamıştır. Shang Hanedanı'na (M.Ö16. yüzyıl - M.Ö11 yüzyıl) gelindiğinde, adıgeçen bölgelerde birçok ipek türü geliştirilmişti. Shang soylularının mezarlarından çıkarılan ipeğe sarılı bronz eşyalar bunun bir kanıtıdır. Zhou Hanedanı'nda (M.Ö 11 yüzyıl - M.Ö 256, Batı Zhou ve Doğu Zhou olmak üzere iki Zhou Hanedanı'nı kapsıyor) ipek üretimine daha büyük önem verilmiştir. Shaanxi eyaletinin Fufeng ilçesinde çıkarılan, Batı Zhou'ya ait bir mezarda zarif işçiliği olan yeşim taşından ipek böceği keşfedilmiştir. Doğu Zhou'da da yeni işleme teknikleri geliştirilmiştir.

İpeğin geniş kapsamlı şekilde değerlendirilmesi ve işleme tekniğinin geliştirilmesiyle, ilk dönemdeki İpek Yolu açılmıştır.

Xinjiang Uygur Özerk Bölgesi'nin Turfan bölgesinde yapılan arkeolojik çalışmalarda, 2200 yıl önceye ait Cheshi'lilerin mezarlarından çok sayıda ipek ürünler çıkarılmıştır. Bu eşyaların uzakta bulunan Orta Kesimleri'nden geldiği belli. Arkeolojik keşifler, İlkbahar ve Sonbahar döneminde (M.Ö 8. yüzyıl - M.Ö 5. yüzyıl) ve Savaşan Devletler döneminde (M.Ö 403 - M.Ö 221), Çin'in Orta Kesimleri'nden ipek ürünlerinin Batı Bölgeleri'ne ulaştırıldığını kanıtlamıştır.

İpek Yolu ilk şeklini alırken, Çin'in bronz kültürü doruğa tırmanıyordu. Xia (M.Ö 21. yüzyıl - M.Ö 16. yüzyıl), Shang ve Zhou Hanedanlarında kültür ve teknolojinin temsilcisi olarak, bronz eşyalar 1500 yıldan uzun bir tarihi dönemden geçerek, Shang Hanedanı'ndaki görkemden Zhou Hanedanı'ndaki saflığa dönüşmüştür. İbadet ve ziyafet müziği gibi protokol etkinlikleri zamanın sosyal ve siyasi yaşamının önemli parçasıydı, bronz eşyalar yönetici sınıf tarafından protokol törenlerinde yaygın şekilde kullanılmıştır. Bu kez sergilenen, Shang ve Zhou Hanedanlarına ait 19 bronz eşya, bronz çağındaki gelenek ve görenekleri gösteriyor. Gıda, içki ve protokol aletlerinden oluşan bu bronz eşyalara, aynı dönemde Orta kesimleri'ne özgü protokol müziği kültürü de yansıyor.

### 2. Han Hanedanı'nda İpek Yolu'nun Açılışı

Qin İmparatorluğu'na (M.Ö221-M.Ö206) ait Yeraltı Ordusu Heykelleri (Terra Cotta), serginin en değerli unsurları arasındadır. Terra Cotta Askerleri, ellerinde silah tutarak veya zırhlı yelek giyerek değişik duruşlar sergiliyor. Terra Cotta Askerleri'nin Qin İmparatorluğu'nun geliştiği yerde çıkarılması, Qin'in üstün askeri gücünü yansıtıyor. Qin, İpek Yolu'nun oluşumu için önemli bir dönemdi. Qin İmparatorluğu, kendi askeri gücüyle Çin topraklarında 500 yıldan fazla devam eden bölünmüşlüğe son vererek, birleşik bir imparatorluk kurmuştur. Çin'in ekonomik gelişmesi ve kültürel kaynaşma çehresi, İpek Yolu'nun oluşumu için sağlam temel sağlamıştır.

Han İmparatorluğu'nun (M.Ö206 – M.S 220, Batı Han ve Doğu Han dahil, iki Han dönemini kapsıyor) ilk döneminde, yüksek dağların ve geniş çöllerin engeliyle sıkça yaşanan savaşlardan dolayı, Batı'ya bağlanan bir yol henüz bulunamamıştı.

Han İmparatorluğu'ndan Zhang Qian elçi olarak Batı Bölgeleri'ne gönderilirken, imparator Liu Che tahta yeni çıkmıştı. 60 yıl süren çalışmalar sonucu, Han İmparatorluğu'nun ekonomisi belli seviyeye yükselmiş, iktidarı sağlamlaşmıştı. Büyük Yuezhi Kağanlığı'yla ittifak kurmak hedefine ulaşılması için, Zhang Qian gönüllü olarak elçiliği üstlenmişti. Zhang Qian, M.Ö 138 yılında 100 kişiyle birlikte başkent Chang'an'dan yola çıkıp, geleceği belirsiz bir serüvene başladı. Zhang ve beraberindekiler, Long Dağı'ndan ayrıldıktan kısa süre sonra Hunların saldırısına uğradı ve kuzeydoğu taraftaki başkentlerine (bugün Moğolistan'ın başkenti Ulan Batur'un güneyinde) götürüldü. Zhang Qian, ancak 10 yıl sonra uygun bir anı bulup, Gan Fu adlı biriyle birlikte kaçmayı başardı. Görev yolculuğuna devam eden Zhang Qian, Amuderya Nehri havzasında Büyük Yuezhileri buldu. Zhang Qian, M.Ö 126 yılında başkent Chang'an'a döndü. Batı Bölgeleri'ne bu ilk serüven 13 yıl sürdü. Chang'an'dan ayrılan 100 kişilik heyetten sadece Zhang Qian ve Gan Fu sağ salim dönebildi.

M.Ö 121 yılında Han İmparatorluğu, Batı Bölgeleri ile arasındaki ilk savaşı kazanıp, Batı Bölgeleri'ne bağlayan, "Sarı Nehir'in batı tarafındaki koridor bölgesi" anlamındaki Hexi Koridoru'nu kontrolü altına aldı. İmparator Wudi, M.Ö 119 yılında Zhang Qian'ın önerisini kabul edip, onu tekrar elçi olarak Batı Bölgeleri'ne gönderdi. Zhang Qian'ın yeni misyonu sayesinde Han İmparatorluğu ile Uysun arasında dostça ilişkiler kuruldu. Ayrıca elçi yardımcısı aracılığıyla Semerkand, Büyük Yuezhi, Toçari, Part (bugünkü İran) ve Sindhu (bugünkü Hindistan) gibi devletlerle temasa geçildi. Bu devletler, Han İmparatorluğu'ndan gelen elçi yardımcısını sıcak karşılayıp, Han İmparatorluğu'na saygı göstermek için de Chang'an'a elçi gönderdi.

Böylelikle, İpek Yolu'nun ana hattı açılmış oldu; Han İmparatorluğu ile birçok Orta ve Güney Asya devleti arasında da

doğrudan resmi temas kuruldu. İpek Yolu'nun açıklığının korunması için Wuwei, Jiuquan, Zhangye ve Dunhuang olmak üzere 4 vilayet kuruldu ve "yeşim kapı geçidi" anlamındaki Yumenguan ve Yangguan olmak üzere 2 geçit yapıldı; 4 vilayetin kuzey tarafında 2 set inşa edilip, savunmasını üstlenmek için bölgelere askerler gönderildi ve siviller yerleştirildi. Ardından Batı Bölgeleri'ndeki işleri yönetmek üzere Batı Bölgeleri Komutanlığı oluşturuldu. Han merkezi hükümetinin desteği ve koruması sayesinde, Doğu ile Batı arasındaki ekonomik ve kültürel iletişim yoğunlaştı. İpek Yolu uzun zaman açık kalınca refah ortamı yaşadı.

Batı Han (M.Ö206-M.S25) Hanedanı döneminin sonunda ve Doğu Han (25-220) Hanedanı döneminin başlarında, Orta Kesimleri'nde savaşlar yaşanıyordu. Savaş durumunu fırsat olarak değerlendiren Hunlar İpek Yolu'nun kuzey kolunu kontrolü altına aldı. Bunun üzerine, Batı Bölgeleri'ndeki devletler Hunlara tabi oldular. Orta Kesimleri ile Batı Bölgeleri arasındaki resmi temaslar ise koptu. Ancak bu dönemde İpek Yolu yine de kesilmedi. Yabancı dinler İpek Yolu üzerinden Çin'e girip yayıldı. Han İmparatoru Liu Zhuang, rüyasında altın insan figürü görünce, 64 yılında Batı Bölgeleri'ne elçi gönderdi, amacı Budizm'i öğrenmekti. 67 yılında ünlü Hint rahipler Kasyapa Matanga ve Dharmaratna İpek Yolu üzerinden Han başkenti Luoyang'a ulaştılar. Bu iki kişi, Çin'e gelen ilk rahiplerdi. İmparator Liu Zhuang, iki rahip için adı "beyaz at tapınağı" anlamına gelen Baimasi tapınağını inşa ettirdi. Burası, Çin'deki en eski Budist tapınağıdır. İki Hint rahip tapınakta birçok Budizm öğretisini Çince'ye çevirdi. Böylece Budizm'in Çin kolu yayılmaya başladı.

İmparator Liu Zhuang'ın hükümdarlığının son yıllarına gelindiğinde Doğu Han İmparatorluğu'nda siyasi istikrar söz konusuydu, sosyal ve ekonomik refaha yeniden kavuşulmuştu. Böylece Batı Bölgeleri'ne yeniden ulaşmak ve İpek Yolu'nu yeniden açmak için elverişli koşullar sağlanmıştı. 73 yılında imparator Liu Zhuang'ın emri gereği, general Dou Gu ve Geng Zhong Hunlara savaş açıp Kumul'u geri aldı ve bölgeyi savunmak için askerler gönderildi. Ancak Hunlar Batı Bölgeleri'ndeki nüfuzunu koruyordu. Bu durumda Han İmparatorluğu'ndan Ban Chao elçi olarak Batı Bölgeleri'ne gönderildi. Ban'ın çabaları sayesinde Piçan, Hotan ve Kaşgar gibi Batı Bölgeleri devletleri tekrar Han İmparatorluğu'na bağlı oldu. Han İmparatorluğu Batı Bölgeleri Komutanlığı'nı yeniden kurup, Batı Bölgeleri'yle arasında 60 yıldır askıya alınan resmi temasları yeniden başlattı. İpek Yolu'nun güney kolu da tekrar açıldı.

97 yılında Ban Chao'nun emriyle, Gan Ying elçi olarak "Daqin"e (Roma İmparatorluğu) gitti. Kösen'den yola çıkan Gan Ying, Çince'de "Tiaozhi" adıyla anılan Selevkos İmparatorluğu (bugünkü Irak'ta) ve Anxi adıyla anılan Part (bugün İran'da) gibi devletleri geçtikten sonra Basra Körfezi kıyısına ulaşmıştır. Gan Ying'in Roma İmparatorluğu'na ulaşamamasına rağmen, Çinliler Orta ve Batı Asya ülkeleriyle ilgili bilgiler edinmişlerdi. Çinlilerin Batıya gerçekleştirdiği bu en uzak serüven, İpek Yolu'nun batıya uzatılması ve Çin ile Roma medeniyetlerinin iletişimine büyük katkılarda bulunmuştur.

Bu sergide gösterilen Han İmparatorluğu'na ait zırhlı yelek giyen asker heykelleri ve askeri donanım eşyaları, Batı Han ve Doğu Han imparatorluklarının üstün askeri gücünü ve askerlik ruhunu yansıtıyor. Askeri temeli ve askerlik ruhunun desteğiyle Batı Han İmparatorluğu döneminde İpek Yolu'nun açılışı gerçekleştirilmiş, Doğu Han İmparatorluğu döneminde İpek Yolu'nda barış ve refah korunmuştur. Dışa açılmasıyla Çin'in ileri teknolojileri Batı'ya yayılıp, Orta, Batı ve Güney Asya, hatta Avrupa ülkelerinin tarihi gelişme sürecinin hızlandırılmasına katkıda bulunmuştur.

### 3. Sui ve Tang Döneminde İpek Yolu'nun Refahı

Doğu Han İmparatorluğu'nun son yıllarından Sui İmparatorluğu'nun (581-618) kuruluşuna kadar geçen 400 yıla yakın süre içinde, İpek Yolu'nun bağladığı Avrasya kıtasında ciddi kargaşa yaşandı. İpek Yolu'nun doğu ucunda Çin Üç Devlet, Batı Jin ve

Doğu Jin, Güney Devleti ve Kuzey Devleti'nin bulunduğu bölünme dönemine girdi; İpek Yolu'nun batı ucunda Roma, Pers ve Kuşhan devletleri arasında savaşlar meydana gelmiş, hükümdarlık devri yaşanmıştır. Buna paralel olarak, İpek Yolu güzergâhında çok sayıda göçebe kabile hükümdarlık için yarıştılar. Bu ortamda İpek Yolu kesilmemesine rağmen, Batı Han ve Doğu Han imparatorlukları dönemindeki gibi pürüzsüz olmamış, Doğu ile Batı arasındaki iletişim ciddi şekilde etkilenmiştir.

Sui İmparatorluğu'nun kurulmasından sonra Tuyuhun topraklarında 4 vilayet kuruldu ve Kumul kenti inşa edildi. Böylece, İpek Yolu tekrar sorunsuz şekilde açık kaldı.

Sui İmparatorluğu'nun son yıllarında köylüler isyan ettiler. Kısa süren kargaşadan sonra Tang İmparatorluğu (618-907) kuruldu. İmparator Taizong'un hükümdarlığı döneminde imparatorluğun siyaseti dürüsttü, askeri gücü fazlaydı ve sayısız nitelikli insanı vardı. Bunlar, imparatorluğun Batı Bölgeleri'ni yönetmesi için elverişli koşullar sağladı. 640 yılında Tang ordusu İdikut Hanlığı'nı yok ederek, burada Anxi Komutanlığı'nı kurdu. 648 yılında Kösen Tang ordusunun eline geçtikten sonra Anxi Komutanlığı Kösen'e taşındı. Kösen, Hotan, Kaşgar ve Tokmak Komutanlığa bağlı oldu. 657 yılında imparator Gaozong, Orta Asya'daki geniş toprakları yönetimi altına aldı. Ayrıca, Amuderya Nehri ile Sır Nehri arasındaki bölgede Jimi Müfettişliği kuruldu. 702 yılında imparator Wu Zetian Beşbalık'ta (bugünkü Cimisar ilçesinde) Beşbalık Komutanlığı'nı kurdu.

Böylelikle, Batı Bölgeleri doğrudan Tang İmparatorluğu merkezi hükümetinin yönetimi altında kaldı. İpek Yolu eskiye göre daha işlek hale geldi. Tang İmparatorluğu'nun Batı Bölgeleri'ndeki devletlerle arasındaki ticari ilişkiler güçlendirildi, Batı'yla arasındaki temas yelpazesi daha da genişletildi. İpek Yolu, gelişmesinin zirve dönemine girdi. Çince'de "Tang Liu Dian" adıyla anılan "Tang İmparatorluğu'nun 6 Hukuku" adlı idare hukuku kitap dizisinde, Tang'ın dünyadaki 300'den fazla ülke ve bölgeyle resmi ilişki kurduğu, özellikle Hindistan, Pers ve Arap devletleriyle yoğun teması koruduğu yazıyor. Tarihi kayıtlara göre, Tang İmparatorluğu döneminde Pers elçiler Tang'ın başkenti Chang'an'a 40'tan fazla kere gelip gitmiş, gelirken Çin'de görülmeyen fil, gergedan ve aslan gibi canlı türleri getirmiştir. Çin ile yabancı ülkeler arasındaki kültürel iletişimin yeni çağı açılmıştır. Tay Devleti de Tang İmparatorluğu'na 40'a yakın kez elçi göndermiş, ayrıca "An–Shi İsyanı"nın bastırılıp, Chang'an ve Luoyang'ın geri alınmasına katkıda bulunmuştur.

Tang İmparatorluğu'yla arasındaki iletişim sürerken, Batı Bölgeleri'nden gelen çok sayıda insan, Orta Kesimleri'ndeki yaşamı beğendiği için buralara yerleşti. Bu insanların sayısı sadece Chang'an ve Luoyang'da 100 bini geçti. Batı Bölgeleri'nden Orta Kesimleri'ne gelenlerin bazıları ticaretle uğraşıyor, bazıları sanat öğreniyor, bazıları da üst düzey yönetici oluyordu. Bunun yanı sıra, Batı Bölgeleri'yle arasındaki yoğun temasların bir sonucu olarak, Batı Bölgeleri'nin yemek, kıyafet, dans ve müzik gelenekleri Tang İmparatorluğu'na yayıldı. Chang'an, kentte kalan yabancılar ve yoğun Batı Bölgeleri çehresiyle, zamanın uluslararası merkezleri arasına girdi.

Bu döneme ait sergilenen eşyaların çoğu, yoğun yabancı üslubu sergiliyor. Bu eşyalar arasında farklı vazifelerde bulunan Hun gibi göçebe kabilelere mensup insan heykelleri, Batı Bölgeleri'ne ait müzik aletlerinden uyarlanan renkli çömlek davul, altın kaplı yüksek ayaklı kadeh ile uğurlu hayvan ve üzüm desenli bronz ayna bulunuyor. Bu eşyalar, Tang kültürünün dışa açılışını ve İpek Yolu'nun Orta Kesimleri'ndeki kültüre kattığı yeni unsurları yansıtıyor.

## 4. Yuan, Ming ve Qing İmparatorlukları dönemindeki İpek Yolu

Tang İmparatorluğu'nun son döneminde yükselen Tibetliler, İpek Yolu'nu kontrolü altına aldılar. Doğu ile Batı arasındaki ulaşım bir kez daha engellendi. "5 Hanedan 10 Krallık" döneminde 50 yıl süren savaşlar, Liao, Song, Xia ve Jin döneminde 300 yıldan fazla süren bölünmüşlük nedeniyle, İpek Yolu parça parça, birbirleriyle çelişkili yöresel krallıkların kontrolü altına girdi.

Bu dönemde İpek Yolu varlığını sürdürmesine ve elçiler ve tüccarların geliş-gidişi olmasına rağmen, Çin'in Orta Kesimleri'ndeki istikrarsızlık nedeniyle, İpek Yolu güzergâhında tıkanıklık ve sıkça soygun olayları yaşandı.

İpek Yolu düşüşe geçerken, Doğu'daki yaylada dünyayı sarsan bir güç, Yuan İmparatorluğu (1206-1368) yükseliyordu. Bununla beraber, İpek Yolu'nun tarihi yeniden yazıldı. Cengiz Han ve torunları batıya ve güneye büyük çaplı savaşlar açarak, Asya ve Avrupa'yı kapsayan devasa bir imparatorluk kurdu, Doğu ile Batı arasında iletişim güzergâhındaki binbir çeşit engeli kaldırdı ve İpek Yolu'nun canlanması için elverişli zemin hazırladı. Merkezi hükümetin ücra bölgeler üzerindeki kontrolünü güçlendirmek için, imparator Ogeday döneminden itibaren "Kervansaraylık Sistemi" uygulanmaya başlandı. Sistem gereği, Sarı Deniz ile Tuna Nehri arasındaki geniş alanda 10 binden fazla kervansaray kurulup, Avrasya'yı kapsayan geniş bir ulaşım ağı oluşturuldu ve İpek Yolu yeniden canlandı.

Ming İmparatorluğu'nun (1368-1644) yükseldiği ilk yıllarda, Çin denizciliğinde büyük ilerleme kaydedildi. Deniz taşımacılığının canlanmasıyla, karadaki İpek Yolu'nun konumu daha da zayıfladı. Ancak İpek Yolu üzerindeki temaslar ve ticaret hemen inişe geçmedi. Orta ve Batı Asya'daki devletler için, İpek Yolu yine de kendilerini Orta Kesimleri'ne götüren en kolay yoldu. Ming İmparatorluğu'nun ilk 50 yılında, Orta Asya'da Timur İmparatorluğu'nun yükselmesiyle ve Ming imparatorlarından Hongwu ve Yongle'nın dışa açık politika uygulamasıyla, iki imparatorluk arasında karşılıklı olarak elçiler gönderildi. İpek Yolu bu dönemde canlılık gösterdi. Ming İmparatorluğu'nun Hongwu döneminin 28. yılı, yani 1395 yılında, Fu An ve Guo Ji'nin başkanlığındaki 1500 kişilik bir heyet Timur İmparatorluğu'na gönderildi. Yongle döneminde Ming İmparatorluğu, Timur İmparatorluğu'nun halefiyle de dostça ilişkileri korudu. Li Da ve Chen Cheng adlı yetkililer birçok kere batıya yolculuk etti. En uzakta Orta Asya'daki Semerkand ve Batı Asya'daki Herat'a ulaştılar. Ancak imparator Yongle'nın ölümünden sonra tahta geçen Hongxi, yurt dışına elçi göndermeyi durdurma emri verdi. Bundan sonra Ming İmparatorluğu'nun dış politikası tutuculaştı. Ardından Ming'in devlet gücünün azalması ve 15. yüzyılda Avrupa'yı Doğu'ya bağlayan yeni su yollarının açılmasıyla, Batı Bölgeleri üzerinden geçen eski güzergâhtaki muazzam manzaralar tarihe geçti.

Qing İmparatorluğu'nun kurulmasından sonra kara yolunun yerini deniz yolunun alması, Çin'in kuzeybatı kesiminde Cungar kabilesinin yükselmesi ve Batı Bölgeleri'nde doğal koşulların kötüleşmesiyle, eskiden işlek olan İpek Yolu güzergâhı önemini kaybetti, kentler tahrip oldu. İpek Yolu da harabeye dönüştü.

Bu döneme ait sergilenen eşyaların hepsi, Beijing'deki Yasak Kent Müzesi'nin koleksiyonundan sağlanmıştır. Büyük kısmı porselen olan bu eşyalar, Song İmparatorluğu'nun en önemli beş fırında ve Yuan İmparatorluğu'nun Longquan Fırını'nda pişirilmiş porselenlerdir, ayrıca Ming ve Qing İmparatorlukları'na ait mavi porselenler de vardır. Serginin Osmanlı İmparatorluğu'nun başkenti İstanbul'daki Topkapı Sarayı Müzesi'nde düzenlenmesi ve Çin imparatorluk ailelerinin koleksiyonunun eski Türk sarayında gösterilmesinin sergiye daha çok sembolik anlam kazandırdığı dikkat edilmesi gereken noktadır.

## 5. Tarihte Çin ile Türkiye Arasında İpek Yolu Üzerindeki Temaslar

Türkiye, Batı Asya'daki Anadolu yarımadasını ve Avrupa'nın Balkan yarımadasının Doğu Trakya bölgesini kapsayan geniş alanda yer alıyor. Eskiden beri, kendi özel coğrafi konumundan dolayı, Anadolu Doğu ile Batı arasında bir iletişim köprüsü ve aynı zamanda İpek Yolu güzergâhındaki en önemli noktalardan biridir.

M.Ö 129 yılında Roma İmparatorluğu, Anadolu yarımadasında başkenti Efes olan bir vilayet kurmuştu ve burası Roma İmparatorluğu'nun bir parçası haline gelmişti. Bu dönemde Han İmparatorluğu'ndan Zhang Qian'ın Batı Bölgeleri'ne seyahat yapmasından sonra İpek Yolu, en uzakta Çince'de Anxi adıyla anılan Part'a (bugünkü İran) ulaşmıştı. Ancak Anadolu yarımadasına henüz gelmemişti.

330 yılında Doğu ve Batı İmparatorlukları bölünmeye başladı, imparator Konstantin başkentini Roma'dan İstanbul'a taşıdı. 395 yılında iki imparatorluk tamamen bölündü. Bu dönemde Çin, Doğu Roma İmparatorluğu hakkında bilgi edinmiştir. Önce Batı Roma İmparatorluğu için kullandığı Daqin ismini kullanmaya devam etmiş, ardından Fulin veya Pulin adını kullanmıştır. "Wei Kayıtları" anlamına gelen "Wei Shu" adlı kitapta Doğu Roma İmparatorluğu'yla ilgili kayıtlar yer alıyor. Bu kayıtlarda imparatorluğun başkentinin coğrafi konumu açık şekilde ifade ediliyor: "İki deniz arasında yer alması", İstanbul'un Karadeniz ve Akdeniz arasında yer aldığına işaret ediyor. Bunun yanı sıra, Doğu Roma İmparatorluğu'nun Çin'le ilgili bilgisi de artmıştır. İmparatorluk, Batı Roma İmparatorluğu'nun geleneğine uyarak, Çin'i "Seres" olarak adlandırdı. Tarihi kayıtlarında da Çin'in siyaseti, ekonomisi ve toplumuyla ilgili bilgiler geçiyor.

Doğu Roma İmparatorluğu'nun İpek Yolu aracılıyla Çin'le temas yapması, Doğu Jin döneminde başladı. 363 yılında Doğu Roma İmparatorluğu'ndan bir elçi, kara yoluyla Doğu Jin'in başkenti Jiankang'a geldi. Bu ziyaret, tarihi kayıtlara geçen, Çin ile Doğu Roma İmparatorluğu arasında Anadolu üzerinden gerçekleştirilen ilk elçi temasıdır. Bu dönemde Doğu Jin, imparator Mudi'nin; Doğu Roma İmparatorluğu ise Julian'ın yönetimindeydi. Doğu Jin de karşılık olarak, Doğu Roma İmparatorluğu'na elçi gönderdi.

Güney ve Kuzey Hanedanları döneminde Doğu Roma İmparatorluğu ile Kuzey Wei Hanedanı arasındaki temaslar daha da yoğunlaştı. Bu dönemde Doğu Roma "Pulan Devleti" adıyla anılıyordu. "Wei Shu" adlı tarihi kitaba göre, Kuzey Wei Kralı Wencheng'in ikinci yılında, yani 456 yılında, Ak Hunlar ve Doğu Roma eş zamanda Kuzey Wei'nin başkenti Pingcheng'e elçi gönderdi. Bu, Doğu Roma ile Kuzey Wei arasındaki resmi temasların ilk kaydıdır. 4.-5. yüzyıllarda Doğu Roma ile Çin arasındaki ulaşım, Sasaniler aracılığıyla gerçekleştirilmiştir. Bu dönemde Doğu Roma'dan Kuzey Wei'ye ve Güney Hanedan'a sıkça elçi gönderilmesi, Perslerin İpek Yolu güzergâhındaki ticaret tekelini bozmayı amaçlıyordu. 200 yıldan fazla süren savaştan sonra 5. yüzyılın ortalarında, Doğu Roma ile Sasaniler arasında barış anlaşması imzalandı. Böylece İpek Yolu'nun Çin ile Anadolu arasındaki parçası pürüzsüz hale geldi ve ticaret canlandı.

Sui ve Tang İmparatorlukları döneminde Çin, kültürü gelişmiş, etkisi dünyaya yayılan güçlü bir ülke konumundaydı. Özellikle Tang İmparatorluğu ile yabancı devletler arasındaki temasların yoğunluğu tarihte bir ilk oluşturmuştur. Tarihi kayıtlarda Doğu Roma İmparatorluğu ile Tang İmparatorluğu'nun karşılıklı olarak elçi göndermesiyle ilgili çok sayıda bilgi yer alıyor. Bu dönemde Doğu Roma, Tang İmpartorluğu'yla ittifak kurup yeni yükselen Arap güçlerine direnmek istedi. 751 yılında Gao Xianzhi'nin başında bulunduğu Tang ordusu, Talas Savaşı'nda Arap ordusuna yenilince, Tang İmparatorluğu'nun nüfuzu Batı Bölgeleri'nden çekildi. Araplar Orta Asya'nın hükümdarı oldu, Doğu Roma ise Tang İmparatorluğu'yla arasındaki resmi teması durdurdu.

Song İmparatorluğu dönemine ait tarihi kayıtlarda Türkiye'nin bulunduğu Anadolu bölgesi, "Lumu" adıyla anılıyor. Kuzey Song döneminde "Lumu"dan Muizz adlı biri Çin'e gelmiş, Song sarayında görev yapmıştır. Torunları da Çin'de kalıp bugüne gelmiştir. Doğu Roma ile Çin arasındaki temasların 3. yüzyılda askıya alınmasından sonra 1081 yılında elçi aracılığıyla yeniden başlatıldı. Aynı yılın Ekim ayında Doğu Roma'dan elçi İpek Yolu'nu katederek, Batı Tay Devleti (bugünkü Suriye), Hotan, Uygur Kağanlığı ve Qinghai üzerinden Song başkenti Bianliang'a (bugünkü Kaifeng) ulaştı.

Song Hanedanı döneminin sonunda ve Yuan Hanedanı döneminin başlarında, Selçuklu Devleti yükselerek, bugünkü Türkiye, İran ve Irak topraklarını haritasına dahil etti. 1243 yılında Moğollar Anadolu Selçuklu Devleti üzerinde hakimiyet kurdu. Bundan

sonra Anadolu Selçuklu Devleti, Moğolların kurduğu Yuan İmparatorluğu'na her yıl hediyeler sunuyordu, ekonomik ve kültürel temasları koruyordu. Bu durum, Selçuklu Devleti'nin 1308 yılında Hülagû'nun kurduğu İlhanlılar tarafından yıkılmasına kadar sürdü.

Ming İmparatorluğu'nun ilk döneminde, Orta, Batı ve Güney Asya'yı kapsayan geniş coğrafyada yer alan Timur İmparatorluğu'nun yükselişiyle, İpek Yolu'nun iki ucunda yer alan Ming ve Osmanlı İmparatorlukları arasındaki temaslar engellendi. Bu temaslar, 15. yüzyılda Timur İmparatorluğu'nun çöküşünden sonra yeniden başlatıldı. Osmanlı İmparatorluğu bu dönemde Ming halkı tarafından "Lumi" olarak tarif ediliyordu. "Ming Tarihi" adlı tarihi kayda göre, imparator Jiajing'in hükümdarlığının üçüncü (1524 yılında), beşinci (1526 yılında), yirmi ikinci (1543 yılında), yirmi yedinci (1548 yılında) ve otuz üçüncü (1554 yılında) yıllarında "Lumi", yani Osmanlı İmparatorluğu 5 kez elçi aracılığıyla Ming'e hediyeler gönderdi. Bir defasında elçiye eşlik eden kişi sayısı 90'ı geçmiştir. Bu ziyaretler, Osmanlı İmparatorluğu'nun Mısır, Tebriz ve Bağdat'ı ele geçirdikten sonra, 1. Süleyman (1520-1566) döneminde gerçekleştirilmiştir. İstanbul'daki sarayda saklanan binlerce değerli porselen, eski tarihlere uzanan dostluk köprüleri sayesinde İstanbul'a getirilir. Bu porselenler, Çin ile Türkiye arasındaki binlerce yıllık dostluğun tanığıdır.

Qing İmparatorluğu döneminde Çin ile Türkiye arasındaki resmi temaslara çok az rastlanmış, nadir görülen birkaç temas da deniz yoluyla gerçekleştirilmiştir. Ancak iki halk arasındaki temaslar veya dolaylı ekonomik temaslar korunmuştur. 1901 yılında 2. Abdülhamid'in tahta geçişinin 25. yıldönümü kutlandı. Qing İmparatoru Guangxu elçi yoluyla 2. Abdülhamid'e zarif bir hediye gönderdi. Altın kakmalar, altın ve gümüşten insan figürleri ve mercanlarla bağlanıp oluşturulan ağaçları kapsayan hediye, bugün hâlâ İstanbul'daki Topkapı Sarayı Müzesi'nde izleyicilere 1000 yıldan fazladır süren Çin-Türkiye dostluğunu anlatıyor.

### Sonsöz—Topkapı Sarayı'ndaki Hazineleri

İstanbul, Osmanlı İmparatorluğu'nun başkenti olmuştur. Bu şehirdeki Topkapı Sarayı, en çok Çin porseleninin korunduğu dünyaca ünlü bir müzedir. Müzedeki 10 binden fazla Çin porselen eşyasından mavilerinin çoğu, Yuan, Ming ve Qing İmparatorlukları döneminde Longquan ve Jingdezhen'de üretilmiştir.

Uzak Doğu'dan geldiği ve yolda çeşitli zorluklar geçirdikten sonra imparatorluk sarayına getirildiği için, bu porselenlere büyük değer verilmiştir. Topkapı Sarayı'ndaki kayıtlara göre, bu değerli Çin porselenleri keyfe göre kullanılmazdı. Sadece bir sultanın tahta geçme töreni, doğum günü, düğün töreni ve diğer önemli etkinliklerde kullanılırdı. Çin porselenleriyle dolu Topkapı Sarayı, bugün daha çok Çin şaheserlerini karşılayacak. Shang ve Zhou Hanedanları'na ait bronz eşyalardan dünyaca ünlü Terra Cotta Askerleri'ne, Tang İmparatorluğu döneminde yapılmış olan renkli sırlı çamur işleri "Tang San Cai"den Song İmparatorluğu'na ait porselenlere ve Ming İmparatorluğu'na ait altın ve gümüş eşyalarına kadar, her eşyanın zarif işçiliği bulunuyor. Bu eşyalara, Çinlilerin atalarının tarihi ve uygarlığı yansıyor.

Doğu ile Batı arasında günümüzde derinleşen ve gelişen kültürel iletişim, eski zamanlarda ancak İpek Yolu'yla gerçekleştirilebiliyordu; Uzun bir yol katettikten sonra buraya ulaşan Çin hazineleri, bir zamanlar İpek Yolu güzergâhındaki değerli unsurlar arasındaydı. Çin ile Türkiye arasında dostluk köprüsü rolü oynayan İpek Yolu, Doğu ve Batı'yı birbirine bağlayan, Avrasya'da iletişimi sağlayan barış yoludur; Çin kültürünü tanıtan, dünyanın özünü benimseyen uygarlık yoludur; ticari temasları ilerleten ve ekonomik refahı pekiştiren gelişme yoludur. 1000 yılda iniş çıkışlar yaşayan İpek Yolu, Çin ile Batı arasındaki kültürel iletişimin bağı olarak, Çin şaheserlerinin desteğiyle yeniden canlılık gösterecektir.

# CHINESE TREASURES LINK ASIA AND EUROPE

## —An Observation of China-Turkey Exchanges through the Exhibition of Treasures of China

Art Exhibitions China    *Yao An*

Located at the east and west ends of Asia, China and Turkey have shared a long history. The ancient Silk Road has linked the two countries for over a thousand years with China as the starting point and Turkey as the terminal. It also serves as a golden bridge across the Afro-Eurasian landmass. Over the past centuries, the Silk Road has not only fostered exchanges between the two peoples but also blended eastern and western cultures. Now, the Year of Chinese Culture, themed as "Charming China, Home of the Silk Road," has been officially launched in Turkey. One of the highlights of this year-long cultural event is the "Treasures of China" exhibition, a showcase of about one hundred Chinese antiques. This exhibition showcased in Istanbul will house not only ancient masterpieces now displayed at renowned Chinese museums, but also modern archaeological finds from the Silk Road. The exhibits cover a timeline of about five thousand years from the Neolithic Age to the end of the Qing Dynasty (1912). The exhibition demonstrates the long history of China and the splendid culture of the Silk Road, to allow Turkish audiences to experience the richness of Chinese traditional culture and its unique glamour, while promoting the friendship between China and Turkey.

### 1. The Origin of the Silk Road in China

The exhibition begins with jade articles from the Liangzhu culture and porcelains from the Majiayao culture, all produced during the late Neolithic Age which dates back to some five thousand years ago. This period saw the dawn of China's cultural development and the start of cross-continental journeys of people in the Afro-Eurasian landmass. The network of these cultural exchange routes had not had a name until the year 1877 when German geographer Ferdinand Freiherr von Richthofen coined the term "Seidenstrassen" in his masterpiece, *China: The Results of My Travels and the Studies Based Thereon*. He defined the term as "the routes of silk trade from 114BC to 127AD, interlinking China and Transoxiana (the region between the Amu Darya and Syr Darya rivers) as well as China and India." This name has been widely accepted by eastern and western scholars ever since.

### 2. The Opening of the Silk Road during the Han Dynasty

The highlight of the exhibition will be the Terracotta Army. Holding weapons or wearing armor, these figures vary in posture and appearance. They were discovered in Guanzhong plain, the birthplace of the Qin Dynasty. The Terracotta Army indicates the powerful military strength of the Qin Dynasty. It was the first empire to unify China and laid a solid foundation for the Silk Road.

After Emperor Wu of the Western Han Dynasty was enthroned, the country experienced 60 years of recovery from unrest with economic growth and political stability. To make contact with the Yuezhi, an ancient Central Asian people, military officer Zhang Qian took a mission voluntarily to the Western Regions, the areas neighboring to the territory of the Han Dynasty. In 121BC, the Han Dynasty gained its first victory against the Xiongnu, an ancient nomadic-based state and for the first time pacified the Hexi Corridor, an important route to the Western Regions. In 119BC, Zhang Qian travelled to the Western Regions again and established a friendship with the Wusun people. He also made contacts with other countries, such as Kangju, Yuezhi, Daxia, Anxi

(present-day Iran) and Shendu (present-day India) and so on. As a result, the main routes of the Silk Road were formed.

Foreign religions spread in China via the Silk Road during the transitional period of the Eastern and Western Han Dynasties. In 67, two Indian monks Kasyapa Matanga and Gobharana arrived at Luoyang city via the Silk Road. They are believed to be the earliest monks coming to China. China's first Buddhist temple, the White Horse Temple, was erected by Emperor Ming of the Han Dynasty. In 73, commissioned generals Dou Gu and Geng Chong led an army against the Xiongnu and captured the Yiwulu area (the present-day Hami Prefecture in Xinjiang, China) and set up an agricultural garrison there. Ban Chao was sent to the Western Regions as an imperial envoy and brought the kingdoms of Shanshan, Yutian and Shule under Chinese rule. Diplomatic ties between the Han Dynasty and the Western Regions were restored after 60 years and the Silk Road was opened again. In 97AD, Gan Ying, a Chinese military ambassador, was sent on a mission to Daqin (the Roman Empire) by Ban Chao. Gan Ying reached as far as the "Western Sea" (the Persian Gulf). His travel played a vital role in the extension of the Silk Road to the West in later periods, as well as in the cultural exchanges between China and the Roman Empire.

The figurines of armored warriors of the Han Dynasty, as well as other exhibits of armaments to be displayed in Turkey reflect the great military power of the Han Dynasty, which stimulated the opening of the Silk Road in the Western Han Dynasty and the peaceful and prosperous development of the Silk Road in the Eastern Han Dynasty.

### 3. The Golden Age of the Silk Road during the Sui and Tang Dynasties

During the four hundred years from the end of the Eastern Han Dynasty to the foundation of the Sui Dynasty, the Afro-Eurasian landmass, linked by the Silk Road, witnessed continuous instability. At the eastern end of the route, China entered an era of disunity called the "Six Dynasties," while at the western end of the route, the Roman Empire, Kushan Empire, and Persia all experienced continuous wars and their own subjugation to other powers. Along the Silk Road, numerous nomadic tribes contended for supremacy. Under these circumstances, trade on the Silk Road, though not suspended, occurred less often compared with that during the Han Dynasty. This period was a barrier in the exchanges between the western and eastern regions.

After the Sui Dynasty established four commanderies in Tuyuhun and other cities in the Yiwulu area, trade on the Silk Road was restored. From the founding of the Tang Dynasty in 618, when the Western Tujue Khnate was pacified, the vast area of Central Asia was under Chinese rule. In 702, Wu Zetian, Empress Wu of the Tang Dynasty, set up a protectorate at Tingzhou (present-day Jimsar County of Changji Prefecture). By then the Western Regions were unified. Trading routes and other exchanges between the Tang Dynasty and other countries in these regions expanded. This was the golden age of the Silk Road.

Because of their contact with people of the Tang Dynasty, many people from the Western Regions settled in China. During that period, over 100,000 people from nomadic tribes in western and northern regions settled in the cities of Chang'an and Luoyang, living as merchants, learning skills and even working in high political positions. The exhibits from this period of time are mainly of exotic flavor, including foreign figurines, colored ceramic Jie drums based on the shape of musical instruments from the Western Regions, gilded chalices and bronze mirrors decorated with animals and grape patterns. These, as a whole, reflect both the openness of Tang culture and the fresh elements injected into China's central plains via the Silk Road.

### 4. The Rise and Decline of the Silk Road during the Yuan, Ming and Qing Dynasties

In the late years of the Tang Dynasty, the Tubo State rose to power and took over the main routes of the Silk Road. The cross roads between the eastern and western regions were blocked again. In the following four centuries of the Five Dynasties and Ten

Kingdoms, Liao, Song, Xia, and Jin Dynasties, the central plain area was in disorder. During this time, the Silk Road was still used by envoys and travelling merchants, however it was seriously affected by the turbulences in China. Passes were blocked and robbery was common along the way.

The Silk Road became prosperous once again during the Yuan Dynasty. Genghis Khan and his descendents launched a massive invasion of the western and southern regions, and established an empire across the Eurasian continent, which cleared the blocks on the trade route between the western and eastern regions. The Silk Road developed into a well-established transportation network linking the two ends of the landmass. It became more convenient and safer to travel than ever before.

At the rise of the Ming Dynasty, maritime transport developed to a greater extent, making the Silk Road less vital to trade between the East and the West. However exchanges and trade on the historic route did not fall immediately. In the early years of the Ming Dynasty, the Timurid Dynasty gained power in Central Asia. Emperor Hongwu and Emperor Yongle of the Ming Dynasty adopted active foreign policies. Thus, diplomatic exchanges were frequent between China and the Timurid Empire. After the Emperor Yongle died, his son, the Emperor Hongxi stopped sending envoys to other countries and adopted conservative foreign policies. As a result, the Silk Road gradually stopped serving as an important route for envoys.

With the establishment of the Qing Dynasty, sea transport further replaced transport by land. Furthermore the rise of the Dzungar power in northwestern China and the deteriorating natural environment in the Western Regions, led to the demise of the Silk Road. The historic route was declining with blocked routes, decay of cities and a slow of business exchanges along the way.

Exhibits of this period are housed in the Palace Museum of the Forbidden City. Most of them are porcelain, either from the major production hubs of the Song Dynasty or from the town of Longquan, a famous production center of Chinese porcelains. It also includes renowned blue and white porcelains produced during the Ming and Qing Dynasties. It is worth mentioning that this prestigious exhibition will be held in the historic Topkapi Palace in Istanbul, giving more symbolism to these royal treasures of China.

## 5. Ancient Exchanges between China and Turkey via the Silk Road

Turkey comprises the Anatolian Peninsula in west Asia (also known as Asia Minor) and the East Thrace in the Balkan Peninsula of Europe. Throughout history, due to its unique geographic location, Turkey has been a bridge among the West and the East, as well as an important junction on the Silk Road. As early as 129BC, the Roman Empire set up a province on the peninsula with Ephesus (southwest of present-day Izmir city, Turkey) as its capital, and the peninsula became a part of the Roman Empire. In 330, the Roman Empire began to break up. Constantine the Great transferred the capital from Rome to Constantinople (present-day Istanbul). In 395AD, the Roman Empire formally divided and the eastern part was then called the Byzantine Empire.

The Eastern Roman Empire started contact with China via the Silk Road during the Eastern Jin Dynasty. In 363, via land route, envoys from the Eastern Roman Empire arrived at the city of Jiankang, the capital of the Eastern Jin Dynasty. It was the first time that the two empires had diplomatic exchanges.

During the Southern and Northern Dynasties, exchanges between the two empires were frequent. During the 4th and 5th century, via the Sassanid Persian Empire, envoys from the Eastern Roman Empire frequently traveled to China under the Northern Wei Dynasty and went as far as the territory of the Southern Dynasties, in order to dismantle Persian merchants' monopoly on the Silk Road. In the mid 5th century, after 200 years of war, the Eastern Roman Empire reached a peace treaty with the Sassanid Persian Empire. The Silk Road between China and the Anatolian Peninsula was fully opened. Trade along the route

flourished again.

China entered its golden age during the Sui and Tang dynasties. During the Tang Dynasty, diplomatic exchanges with foreign countries became more common than ever before. Many historic books have recorded the exchanges of the envoys between China and the Eastern Roman Empire.

Turkey was referred to in Chinese books as Lumu during the Song Dynasty. In the early years of the Northern Song Dynasty, Ma Yize, an Arab-Chinese Islamic astronomer was appointed as the chief official of the government observatory. His descendants still live in China today. The Eastern Roman Empire and China restarted diplomatic exchanges in 1081 after 300 years of suspension.

During the transitional years between the Song and Yuan dynasties, the Great Seljuq Empire rose to power, controlling vast areas of present-day Turkey, Iran and Iraq. In 1243, the Mongol Empire conquered the Sultanate of Rum, a state in Anatolia. Subject to the Mongol Empire, the Sultanate of Rum had to pay tribute, and kept economic and cultural exchanges with the Mongol Empire.

In the early years of the Ming Dynasty, the Timurid Dynasty gained its power in central, western and southern Asia. Trade between China and the Ottoman Empire was hindered. The two empires did not restore diplomatic exchanges until the 16th century when the Timurid Dynasty fell. Many envoys came to China during the reign of Suleiman I (1520-1566), after the Ottoman Empire conquered Egypt, Tabriz and Baghdad. Thus, over ten thousands of ceramic wares were stored in the palace in Istanbul. Besides spoils, these porcelains were given as a tribute from China via the Silk Road.

China had less official contact with Turkey during the Qing Dynasty, and all the recorded contact was via sea route. But unofficial contact and mediate economic trade between the two countries continued.

**Conclusion: Chinese Treasures in Topkapi Palace**

Istanbul, the largest city in Turkey, is also the former capital of the Ottoman Empire. The historic Topkapi Palace in Istanbul is now a world famous museum which houses the largest collection of Chinese porcelain outside of China. Inside the museum there are over 10 thousand Chinese porcelains. The blue and white porcelains housed there were mostly manufactured during the Yuan, Ming and Qing dynasties in the towns of Jingde and Longquan, famous origins of Chinese ceramic wares.

The cultural exchange between the West and the East that is still deepening and expanding today and could not be realized in the ancient time without the Silk Road. The Chinese treasures travelling overseas in this exhibition were once precious goods exchanged through the Silk Road. As a bridge between China and Turkey, the Silk Road links the West and the East and promotes peace and friendship among Asia and Europe. It is a route of civilization that spreads Chinese culture worldwide while bringing the essence of foreign culture to China. The historic route stimulated trade exchanges and economic development. Despite thousands of years of unrest, the legacy of the Silk Road, as a bond of western and eastern culture, will shine in this exhibition of Chinese treasures.

# 秦兵马俑的艺术特色

秦始皇帝陵博物院　田静

　　1974年3月，秦始皇帝陵陪葬坑兵马俑随着打井人的铁镢而跃上了大地，从此便声闻遐迩，广为人知。三十多年来，秦兵马俑始终以其独特的魅力吸引着人们，传递给人们巨大的吸引力和震撼力，反映出它超群的艺术感染力。

　　1982年，王子云、王朝闻、刘开渠、傅天仇等专家率先发表卓有见地的文章或短论，全面论述了秦俑雕塑艺术的特点及其在中国古代雕塑史上的地位和意义。他们认为，秦兵马俑的雕塑艺术直接继承了我国古代写实艺术的传统，而且发展到了一个新的高度。这是学界普遍认可的观点。

## 一　写实的艺术群雕

　　在漫长的历史岁月中，秦兵马俑一直默默守卫着主人，严格履行着自己的职责。虽然在两千多年的历史机遇中，也有人发现过它们，东汉直到明清及近代，人们打墓时都曾发现过秦俑的个体，但从未加以重视。直到1974年春天，农民的一次打井才揭开了秦俑神秘的面纱。

　　1974年夏季，考古工作者从打井的地方探查起，由此开始了秦俑的考古发掘工作。当年，国家决定建立遗址博物馆，科学保护并向世人展示。在秦始皇兵马俑博物馆建设的过程中，陆续又发现了三个俑坑，按发现先后顺序定名为秦俑一、二、三、四号坑（图1）。

　　秦俑一号坑是一个东西长230米，南北宽62米，总面积为14260平方米的长方形俑坑。

图1　秦始皇兵马俑坑俯瞰
Fotoğraf 1: Yeraltı Heykelleri Ordusu'nun Keşfedildiği Çukurun Kuşbakışı Görüntüsü

图2 蹲姿俑出土现场
Fotoğraf 2: Tek Dizi Üzerindeki Asker
Seramik Heykelinin Çıkarıldığı Yer

俑坑的东端是一个长廊，站着三排面向东的战袍武士俑，每排68个。它们是一号坑的前锋部队。长廊后边，坑的南面有一排面向南的武士俑，这是右翼。坑的北面有一排面向北的武士俑，这是左翼。中间是38路面向东的部队，每四路中间间有战车，这是一号坑的主体部队。坑的西端有一排面向西的武士俑，这是后卫。

一号坑东端向北20米，便是二号坑。二号坑平面呈矩尺形，面积6000平方米。它的南部并列八排每排八辆战车，中间是战车和车兵，北边是战车和骑兵。二号坑的前端，是一个突出的角，呈方形。其中四周是立射武士俑，中间有160名蹲姿骑士和鞍马射俑（图2）。

一号坑西端以北25米是三号坑。三号坑平面呈凹字形，面积520平方米。坑中有战车一组。坑的东、北及南部甬道中面对面站着64个武士俑。

在二、三号坑之间是四号坑，四号坑是未建成的俑坑。

秦俑一、二、三号坑占地面积两万多平方米，呈品字形布列，形成一个庞大的军事场面。三十多年来，一号坑只发掘了两千多平方米，占一号坑面积的七分之一。估计三个俑坑可出土陶俑七千余尊，陶马数百件，木质战车百余乘。这些陶俑、陶马和战车，都同真人、真马一样大小。陶俑身高1.7米左右，最高的达到1.9米。这样的身高，反映出秦代军人的风姿。它们是秦代人的实际高度的写照。陶马高1.5米左右，身长2米左右，体形高大。战车是实用战车的再现。这样宏大的场面，这样众多而体形高大的陶俑，这样精良的古代兵器以及精美的雕塑艺术，都是世界罕见的。它所反映和告诉现代人们的，可以说包括了秦代的政治、军事、文化艺术各个方面，蕴涵着丰富的内容，是中国古代人们智慧的结晶。

气魄宏大是秦代社会风貌的一大特色，这在秦始皇陵的营造中也得到体现。秦陵的高大，居古今帝王陵墓之冠。秦俑三个坑面积达两万多平方米，陶俑个体大，群体多。

秦俑三坑的设计，构图协调，气魄宏大，显示出设计家高远宏深的立意和纯熟精妙的匠心。设计者把全局、局部、群体、个体浑然融成一体，每一个局部自成体系又互相关联，构成了一个雄奇壮观的画面。这种艺术形式，使群体大气磅礴，个体咄咄逼人，使秦俑的整个画面，如群山奔涌，如大海扬波，虽静而动，给人巨大的动态感染。没有高超的艺术造诣和博大的胸怀气魄，不懂当时军人的生活，都不能进行这种艺术画卷的设计。

这群雕塑也描绘出一幅生动鲜活的秦代军队生活画卷，让人过目不忘，回味无穷。这种艺术群雕，在整个中国雕塑史上，都是不多见的，因而具有永久的吸引力。

## 二　真实的艺术细节

秦兵马俑中那些百看不厌、千变万化的面孔以及极具个性、鲜活生动的人物性格，给观者留下了难以忘怀的印象。众多的兵俑个性鲜明，不论是将军俑、军吏俑还是武士俑，均个个制作精美，件件雕塑细腻。陶俑因官阶、军种的不同而身着不同的军服和冠帽，甚至连面形、胡须、发髻和带扣都有多种变化，让人们看到了大致相同中的细小差别。

1. 特色鲜明的脸型

秦兵马俑之所以给人留下深刻的印象，主要是它的写实艺术。可以说，写实的艺术已经渗透到每件作品。秦代的艺术大师不仅雕塑出了众多人物的外部形象，而且也刻画出每个人物的心理和性格，使人物栩栩如生，自然生动，使作品显得有血有肉有性格，每个陶俑的形象，就如同我们生活中所见的芸芸众生。陶俑中大体有三个阶层的人物，即武将、军吏和士卒。武将们职务较高，权力较大，因此便被雕塑得深沉、果敢、坚毅、严峻和老谋深算。军吏们一般具有严肃、坚定的形象。众多的士卒，一般看来是灵活、机警、勇敢、视死如归的形象。

就目前已出土的秦俑看，其脸面轮廓可分为八类："目"字形脸，头形狭长；"国"字形脸，方正稍长；"用"字形脸，额部方正，下巴颏宽大；"甲"字形脸，额部和颧骨处宽度接近，面颊肌肉显著内收，下巴颏窄尖；"田"字形脸，面形方正；"申"字形脸，颧骨处宽，额部较窄，下巴颏尖；"蛋"形脸，额处宽，下巴颏尖，脸上肌肉丰满，其轮廓线如同蛋形；"由"字形脸，额部较窄，两颊和下巴处宽（图3）。

秦俑面部轮廓，以目、甲、国字形脸最多，申、由字形脸最少，说明秦代和现在人们的面部轮廓基本上相同。秦俑的面貌，也有美、丑、胖、瘦、年轻、年老、常见型和罕见型的区别。

图3　秦俑特色鲜明的脸型
Fotoğraf 3: Yeraltı Heykelleri Ordusu
Askerlerinin Tipik Yüz Şekli

图4　秦俑发型一例
Fotoğraf 4: Yeraltı Heykelleri Ordusu'ndan Bir Askerin Saç Şekli

2．新潮前卫的发型

秦兵马俑是写实的艺术作品，因此，从秦俑形象中可以看到不同类型的发髻、发辫、发型，甚至连发质的稀疏、发型的梳理、发辫的盘结方式等都看得清清楚楚。从已出土并修复完整的陶俑中可以看到式样繁多、新潮前卫的发髻，让人感受到了浓厚的现代气息。还有时尚多变的发带，更增添了秦俑的艺术魅力。

据说，当今的发型师依然能够从两千年前的秦俑造型中得到启示和灵感，这些发现令人难以理解。秦人的审美趋向、美学思想让今天的时尚人士都感到震惊（图4）。

3．标志鲜明的胡须

在古代，男人的胡须像头发一样，是人面孔的一部分，装饰并改变着人脸的形态。秦兵马俑中标志清晰的胡须，让人感到了英姿勃发的男儿形象。

现在，中国大多数男人很少蓄留胡须，一般是长了就剃，所以，在现代城市里很少见到长胡须的男士，留胡须的男人大多是一些追求个性的人，如艺术、娱乐、文化消费圈的从业者和爱好者，他们或是职业的需要，或是不情愿淹没在大众化的潮水之中。但在城市之外，尤其是乡野之风遗存的地方，或者是宗教场所，传统的胡须还经久地保留在一些男人的脸上。它有时是长者的标志，是一种尊严的象征。

## 三　永恒的艺术魅力

在秦兵马俑中，首先映入眼帘的是千军万马的磅礴气势，严阵以待的军阵场面，仔细观察，便会发现精心梳理的发辫、疏密有别的鞋底、个性张扬的胡须、丰富多样的带钩、时尚多变的发带，均有着浓厚感人的生活气息。可以说，秦兵马俑永恒的艺术魅力集中反映在以下三个方面。

1．观赏性——气势磅礴

秦兵马俑三个坑内埋藏有近八千尊陶俑，这些模拟真人塑造的俑，一排排，一行行，队列整齐。一尊尊，一个个，精雕细刻，他们以前所未有的雄姿向人们展示了秦帝国气吞山河的军事实力。

秦俑坑生动而真实地再现了秦代军队的形象，它反映出秦代的兵种、兵器和军队的阵列等丰富的内容。一号坑中的军阵显示了秦代步兵和车兵联合编队的场面。二号坑则将步兵、车兵、骑兵这三个兵种联合编队，形成有别于一号坑的新的编队形式。三号坑展示了秦军指挥机关的真实状貌：传令的车兵待发，卫队靠着壁垒面对面肃立，庄严守卫着指挥机关的安全。在指挥部即古代的军幕中，还有供打仗时用的牲品，现在只残留一些兽骨了。

2．写实性——千人千面

陶工制作兵马俑，是奉命制作，而不是自由创作。他们要严格按照设计者的要求，要体现秦始皇的意志和心理。统治者设计蓝图上的各项规定和要求，就是皇帝的命令，具有法律的效力，绝不能违抗。陶工就是在这样一个狭窄的天地里进行创作。因而，其作品就必然要在求真上下功夫。

秦俑是艺术作品，艺术形象就有一个再创造的过程。统治者对陶俑和陶马的种类、数量、大小、装饰、队形的编列及总的设计思想等可以作出具体的规定，但是，对每件俑的神情、性格无法作出详细的规定，这就给陶工留下了进行艺术再创造的空间。

写实的艺术进入到每个作品，不但雕塑出了众多人物的外部形象，也刻画了每个人物的心理和性格，使人物栩栩如生，观之如闻其声，如见其心，作品因此显得有血有肉有性格。陶俑中大体有三个阶层的人物，即武将、军吏和士卒。武将们职务较高，权力较大，因此便被雕塑得深沉、果敢、坚毅、严峻和老谋深算。军吏们一般具有严肃、坚定的形象。众多的士卒，一般看来其形象是灵活、机警、勇敢、视死如归的。除了这些一般的共性以外，秦代的雕塑大师们还在自己的雕刻刀下，塑造出了不同的个性。同是武将俑，除了服饰的区别外，面容也不一样。有的武将看起来比较温厚，有儒将之风；有的则面容肃杀，呈现出威武之势。士卒们的表情则更为复杂。有的面带微笑，似心满意足；有的年轻幼稚，满面顽皮；有的额上皱纹重叠，愁容满面，似有难言之隐；有的两眼呆滞，缺乏表情，似处于无可奈何之中；有的面广体胖，表情随和；有的老练沉着，情状幽默。这些形象，大概随他们所处的地位、年龄、阅历不同而变化，比较多样地表现了群体中的复杂个性。因此，虽然陶俑的姿态因为表现内容的需要而比较单一，但各个陶俑的表情不同，宏大壮阔中见精细，群体众多中见性格，较好地减弱了整个雕塑群的雷同感（图5）。

从秦俑面部可以看出喜、怒、哀、乐等多种表情，表现了人物复杂的内心世界。环视陶俑，不难发现兵马俑雕塑被赞誉为"千

图5 "千人千面"
Fotoğraf 5: "Bin Farklı Heykel, Bin Farklı Yüz"

人千面"的原因。

3．趣味性——注重细节

众多的兵俑个性鲜明，不论是将军俑、军吏俑还是武士俑，个个制作精美，件件雕塑细腻。陶俑因官阶、军种的不同而身着不同的军服和冠帽，甚至连面形、胡须、发髻和带扣都有多种变化，让人们看到了大致相同中的细小差别。

就数量最多的武士俑而言，以年龄区分，有稚气未脱的少年，也有满脸沧桑的老兵；以表情而言，有的面带微笑，有的愁容满脸；以民族而言，既有中原人士，也有边疆壮汉。秦俑在人物塑造上匠心独运，又用多样的手法比较突出的表现了不同人物的不同神态、体态和心态，让人感到千篇一律中的千变万化。这就是秦俑的趣味性，也是秦兵马俑艺术魅力不减的重要原因。

秦兵马俑的艺术特色鲜明，它把中国古代写实艺术的传统发展到了一个新的高度，形成了独具特色的秦俑艺术。凡亲临秦兵马俑坑的人都会强烈地感受到秦兵马俑的雄壮阵容和庞大气势，足以使任何一个自信的人都为之倾倒，会由衷地发出这样的赞叹："秦俑真不愧为举世无双的人类奇迹！"

# TOPRAK ASKERLERİN SANATSAL ÖZELLİKLERİ

Qin Shihuang Mezarlığı Müzesi    Tian Jing

Qin Shihuang İmparatoru'na eşlik eden Yeraltı Ordusu Heykelleri, Mart 1974'de, bir kuyu kazan bir köylü tarafından ortaya çıkarıldı ve bundan sonra herkesçe bilinerek tüm dünyada tanındı. Yeraltı Ordusu Heykelleri, 30 yıldır olağanüstü cazibesiyle büyük ilgi ve dikkat çekiyor. Yeraltı Ordusu Heykelleri'nin insanlarda yarattığı çekici ve şok etkiler, eserin olağanüstü sanatsal üstünlüğünü yansıtıyor.

1982 yılında, Wang Ziyun, Wang Chaowen, Liu Kaiqu ve Fu Tianchou gibi uzmanlar, yayımladıkları yazılarda heykellerin sanatsal özelliklerini ve Çin'in antik heykel tarihindeki statüsünü ve anlamını ayrıntılı olarak anlattılar. Uzmanlar, heykellerin hem Çin'in antik çağındaki gerçekçi sanatı devralındığını, hem de yeni bir yükselişe geçirdiğini savunuyor. Bu görüş birçok bilim adamı tarafından kabul ediliyor.

## 1. Gerçeği Yansıtan Heykeller

1974 yılının yaz mevsiminde, asker heykelleri üzerinde arkeolojik çalışmalar başladı. Aynı yıl, heykelleri koruyup sergilemek için müze kurulması kararlaştırıldı. Yeraltı Ordusu Heykelleri Müzesi'nin inşaat sürecinde, üç çukur daha keşfedildi. Heykellerin bulundukları çukurlar, keşif sırasıyla birinci, ikinci, üçüncü ve dördüncü çukur olarak tanımlandı.

Dikdörtgen şeklindeki birinci çukur 230 metrelik doğu-batı uzunluğu ve 62 metrelik güney-kuzey genişliğiyle 14 bin 260 metrekare genişliğinde bir alanı kaplar. Çukurun doğusunda bulunan koridorda gömlekli heykeller doğuya bakarak üç sıra halinde durur. Her sırada 68 heykel vardır. Bunlar birinci çukurdaki öncü birlik olarak kabul ediliyor. Koridorun arkasında, yani çukurun güneyinde heykel askerler güneye bakarak bir sıra halinde sağ birliği oluşturur. Çukurun kuzeyinde kuzeye bakan ve bir sıra halinde duran heykeller sol kanattır. Çukurun ortasında 38 sıra halinde duran ve doğuya bakan heykeller yer alıyor. Her dört sıra arasında savaş arabası vardır. Bunlar birinci çukurda ana kuvvetleri oluşturur. Çukurun batısında batıya bakan heykel askerler ise, arkada muhafız rolü oynar.

Birinci çukurun 20 metre kuzeydoğusunda ikinci çukur keşfedildi. Dikdörtgen şeklindeki çukur 6 bin metrekarelik bir alanı kaplıyor. Çukurun güneyinde sekiz sıra ve her sırada sekiz savaş arabası bulunur. Çukurun ortasında savaş arabaları ve arabacı askerler, kuzeyinde savaş arabaları ve süvariler yer almaktadır. Çukurun önünde, kare şeklinde görülen bir köşe vardır. Köşenin etrafında okçu askerler, merkezinde ise 160 çömelmiş süvari ve süvari bulunmaktadır.

Birinci çukurun 25 metre kuzeybatısında üçüncü çukur keşfedildi. Çince "凹" karakterini andıran çukur, 520 metrekarelik bir alanı kaplar. Çukurun merkezinde savaş arabaları, doğu, kuzey ve güneyinde bulunan koridorlarda yüz yüze duran 64 asker heykeli bulunmaktadır.

İkinci çukur ile üçüncü çukurlar arasında dördüncü çukur vardır. Ama dördüncü çukurdaki çalışmalar tamamlanmamıştır.

Toplam yüzölçümü 20 bin metrekareyi aşan birinci, ikinci ve üçüncü çukurlar birlikte Çince "品" karakterini andırır ve kocaman bir askeri sahne oluşturur. 30 yılda, birinci çukurun 2 bin metrekaresi kazıldı, bu rakam yüzölçümünün yalnızca yedide birini oluşturuyor. Bu üç çukurdan yaklaşık 7 bin asker heykeli, yüzlerce at heykeli ve tahtadan yapılmış yüzlerce savaş

arabası çıkarılacağı tahmin ediliyor. Asker olsun, at veya savaş arabası olsun, bütün heykeller gerçek boyutta. Heykellerin ortalama yüksekliği 1.7 metre, en yüksek olanı ise 1.9 metre. Bu yükseklik, Qin Hanedanındaki askerlerin gerçek görünümünü yansıtıyor. At heykellerinin ortalama yüksekliği 1.5 metre, uzunluğu da 2 metre civarında, büyük boylular. Savaş arabaları ise gerçek boyutlarda. Görkemli sahne, çok sayıdaki gerçek boyutta heykel, sofistike silahlar ve göz kamaştırıcı heykel sanatı eşsiz bir manzara oluşturuyor Yeraltı Ordusu Heykelleri, günümüz insanlarına Qin Hanedanı dönemine ilişkin zengin siyasi, askeri, kültürel ve sanatsal bilgiler aktarıyor. "Bilgi deposu" olarak adlandırılan heykeller, eski Çinlilerin zekasının ürünüdür.

## 2. Gerçekçi Sanat İncelikleri

Heykellerin çok değişik yüzleri ile son derece kişiselleştirilmiş ve canlı karakterleri izleyenlerde unutulmaz izlenim bırakır. Gerek general heykelleri, gerek subay heykelleri, gerekse asker heykelleri tek tek zarif şekilde ve büyük bir incelikle yapılmıştır. Heykeller, rütbe ve kuvvet farklılığına göre farklı gömlek ve taç giyinir. Üstelik, yüz, sakal ve saç şekilleriyle tokaları da değişir. Dikkatli izleyicilerin genel benzerlikler arasında ufak tefek farklılıkları keşfetmesi mümkündür.

1) Heykellerin yüz şekli

Şu ana kadar çıkarılan heykellerin yüz şekilleri sekiz kategoriye ayrılabilir: Çince "目" karekterini andıran, uzun suratlı yüz; "国" karakterini andıran kare ve biraz uzun suratlı yüz; "用" karakterini andıran, alnı kırışık, çenesi geniş olan yüz; "甲" şeklinde görülen, alnı ile elmacık kemiği aynı genişlikte olan, yanakları zayıf, çenesi dar ve sivri olan yüz; "田" karakterini andıran kare yüz; "申" karakterini andıran, elmacık kemiği geniş, alnı dar, çenesi sivri olan yüz; yumurta şeklini andıran, alnı geniş, çenesi sivri, yanakları dolgun yüz; "由" karakterini andıran alnı dar, iki yanağı ve çenesi dolgun olan yüz.

Heykeller arasında daha çok uzun suratlı yüzlü, alnı kırışık, çenesi geniş olan yüzlü, kare ve biraz uzun suratlı yüzlü olanlar görülür; elmacık kemiği geniş, alnı dar, çenesi sivri olan yüz ve alnı dar, iki yanağı ve çenesi dolgun olan yüzler azdır. Bundan, Qin Hanedanı'ndan günümüze kadar Çinlilerin yüzlerinde ciddi bir değişiklik olmadığı anlaşılıyor. Ayrıca, heykellerin yüzleri güzellik, çirkinlik, şişmanlık, zayıflık, gençlik, yaşlılık gibi konularda fikir veriyor.

2) Şık saç stili

Yeraltı Ordusu Heykelleri, gerçekçi sanat eseri olarak kabul ediliyor. Bundan dolayı heykellerde, farklı topuz, örgü ve saç stili görülür. Hatta saçların kalitesi, tarama yöntemi ve örgü modeli belirgin bir biçimde izlenebilir. Topraktan çıkarılan ve onarılan heykellerde sık sık değişik ve moda hissi veren örgülere rastlanır. Çeşitli saç bantları, heykellerin sanatsal cazibesine renk katar.

3) Dikkat çekici bıyıklar

Antik çağlarda sakal saç gibi erkek yüzünün önemli bir parçası olarak yüzü süslerdi ve yüzün görüntüsünü değiştirirdi.

## 3. Kalıcı Sanatsal Cazibe

1) Dekoratif: Muhteşem

Yeraltı Ordusu Heykelleri'nin üç çukurunda yaklaşık 8 bin heykel bulunduğu tahmin ediliyor. Heykeller, Qin Hanedanındaki ordu imajını tekrar canlandırarak, kuvvet çeşidi, silah ve askeri diziliş gibi konularda zengin bilgiler sağlıyor. Birinci çukurda Qin dönemindeki piyade ve savaş arabalarının ortak oluşumu sahneleniyor. İkinci çukurdaki piyade, savaş arabaları ve süvarilerin dahil olduğu askeri diziliş birinci çukurdan farklıdır. Üçüncü çukurdan o dönemde komutanlığın gerçek görüntüsü anlaşılır: Talimat aktaran asker yola çıkmak üzeredir; gardiyanlar yüz yüze durup komutanlığın güvenliğini sağlar. Komutanlıkta savaşta kullanılan kurbanların kalıntıları da keşfedildi.

2) Gerçekçi: Bin kişinin bin yüzü

Gerçekçi sanat yalnız insanların dış görünümü canlandırmakla kalmayıp, her insanın iç dünyasını da yansıtır. Heykelleri gördüğünüzde, seslerini duyar gibi olursunuz, yürekleri hissedilebilir, toprak eserler canlı ve ruhlu hale gelir. Qin döneminde ustalar ellerindeki keskiyle farklı karakterlere sahip heykeller yarattı. Her iki subay heykelinin gömleklerinin yanı sıra yüz ifadeleri bile farklıdır. Bazı subay iyi huylu, bazıları soğuk ve korkulu görülür. Askerlerin yüz ifadeleri ise daha karmaşıktır. Bazıları güleryüzlü, galiba yürekleri mutlulukla doludur. Bazıları cam gibi gözle, ifadesiz suratla yaklaşır, sanki çaresiz haldedirler; bazıları geniş yüzlü ve büyük boyludur, neşeli bir his verirler; bazı askerler sofistike ve sakin bir his verir. Bu imajlar, bulundukları statüye, yaşlarına ve tecrübelerine göre değişir, bir topluluğun karmaşık kişilik yapısını yansıtır. Heykeller yapım amacına uyum sağlamak için tek bir davranışla karşımıza çıkar. Buna rağmen, heykellerin görülen yüz ifadeleri değişiktir. Görkemli bir tabloda incelik görülmesi ve çeşitli karakterlerin yansıtılması, heykellerin benzerlik hissini hafifletmiştir.

Heykellerde görülen sevinç, kızgınlık, üzüntü ve keyif gibi ifadeler, insanın karmaşık iç dünyasını yansıtır. Kuşbakışı bakıldığında, Yeraltı Ordusu Heykelleri'nin neden "bin kişinin bin yüzü" olarak adlandırıldığını anlamanız zor değildir.

3) İlginç: Detaylara dikkat

Asker heykellerinin sayısı çok fazladır. Aralarından hem masumiyet ifadeli gençler, hem de yüzleri karmaşık duygularla dolu tecrübeliler vardır; Bazıları güleryüzlü, bazıları ise üzgündür; etnik farklılıklar göze çarpar, hem ülkenin iç kesiminden, hem de sınır bölgesinden gelenler vardır. Heykelcilikte yaratıcı ruh izlenir. Farklı yöntemle insanların farklı tavır, duruş ve zihniyeti yansıtılır. Basmakalıptan zengin değişikliğe uzanılır. Bu ilginç unsur, Yeraltı Ordusu Heykelleri'nin çekiciliğinin uzun süre devam etmesinin nedenidir.

İmparator Qin Shihuang'a eşlik eden ordu heykelleri, özgün sanat özellikleriyle, eski Çin'de gerçekçi sanat geleneğini yeni bir düzeye çıkardı ve olağanüstü bir heykel sanatı oluşturdu. Heykellerin oluşturduğu görkemli sahne izleyenleri etkiler ve "Heykeller hakikaten eşsiz dünya harikasıdır" dedirtir.

# THE ART CHARACTERISTICS OF THE TERRACOTTA ARMY

Emperor Qin Shihuang's Mausoleum Site Park    *Tian Jing*

The Terracotta Army was discovered in March 1974 and since then, became world renowned. Over the past 30 years, with its unique charm, the Terracotta Army has captured the hearts of hundreds of millions of people, conveying tremendous power to its audiences with super aesthetic appeal.

In 1982, experts Wang Ziyun, Wang Chaowen, Liu Kaiqu and Fu Tianchou successively published papers on the artistic characteristics of the Terracotta Army and its significance in the history of Chinese ancient sculptures. These experts believe that the Terracotta Army carries on the essence of ancient Chinese realistic art and develops the art form onto a new level. This point of view is widely accepted by other scholars as well.

## 1. Realistic Sculptures in a Large Number

In the summer of 1974, archeologists began to unearth the Terracotta Army and the Museum of the Terracotta Army was constructed on the site of its findings in the same year, in order to preserve the findings scientifically and display the treasures to the world. During the construction of the museum, another three pits were excavated in succession, and numbered from one to four according to their excavation order.

Pit one, two and three take up an area of over 20 thousand square meters as a whole. The three pits lie in the pattern of a pyramid, one of them on the south and the two others on the north, forming an impressive military array. For the past 30 years, only 2 thousand square meters in pit one have been excavated, taking up only one seventh of its total area. Current estimates show that there are over 7,000 soldiers, 100 chariots and 100 cavalry horses in the three pits containing the Terracotta Army, all of which are life-sized. The terracotta soldiers are 1.7 to 1.9 meters in height, a height that represents the real grace of soldiers in the Qin Dynasty. The cavalry horses are in tall figures of about 1.5 meter high and 2 meters long. And the terracotta chariots are also replicas of real chariots during the Qin Dynasty. Such a grand sight of a large number of figures, refined ancient weaponry and exquisite sculptures is rare in the world. The Terracotta Army conveys to the modern world rich information about ancient Chinese politics, military organization, culture and art in the Qin Dynasty. It is a treasure house of knowledge and a collective wisdom of the ancient Chinese.

## 2. Realistic Representation in Detail

The faces of the terracotta soldiers vary in appearance and express lively character, leaving a deep impression with audiences. These figures, no matter if they represent generals, soldiers or warriors, are delicate and refined. They wear different suits and hats according to their roles and positions. Even the shape of their faces, mustaches, hair styles and belts are different in detail, distinctly distinguishing them from one another.

1) Face Shapes with Character

According to the excavated figures, the shape of their faces can be classified by eight characters: narrow and long head; square face; wide forehead and square chin; narrow chin with wide forehead and wide cheek bone; square face; wide cheek bone with narrow forehead and chin; egg-shaped face; narrow forehead with wide cheek bone and chin.

2) Fashionable Hair Styles

Audiences may notice different styles of buns and braids, and even the difference from the volume of hair, combing patterns and the plaiting methods of each soldier's hair. The excavated and repaired figures show numerous stylish bun patterns that leave audiences with a modern impression. And various hair bands on their heads add even more artistic appeal to the terracotta figures.

3) Iconic Mustache Styles

In ancient times, mustaches were an important facial part for men that varied according to their face shapes. Different iconic mustache shapes on terracotta sculptures provide an image of spirited ancient soldiers.

## 3. The Long-lasting Artistic Appeal

1) Spectacular Sight

The nearly 8 thousand terracotta figures excavated from pit one to three have vividly represented the military units, weaponry and troop alleys in the Qin Dynasty.

2) Realistic Art Styles that Portray Characters

The terracotta figures are manufactured in a realistic style, which not only portrays their life like qualities but also their inner characters. These figures are vivid and lively to the audiences. Sculpture artists in the Qing Dynasty endowed these figures with various characteristics, using their consummate skills.

These terracotta figures have different facial appearances that reflect their complicated inner characters. That is also the reason why every figure can be easily distinguished from one another.

3) Interesting to Audiences with Refined Details

The warrior sculptures take up the largest amount of all terracotta figures. These warriors vary from young to old, happy to sad, local to foreign. The characterization of these figures shows their originality and uniqueness, with styles that express unique human appearances and characters. That is ultimately why the terracotta figures are interesting to audiences and have a long-lasting artistic influence.

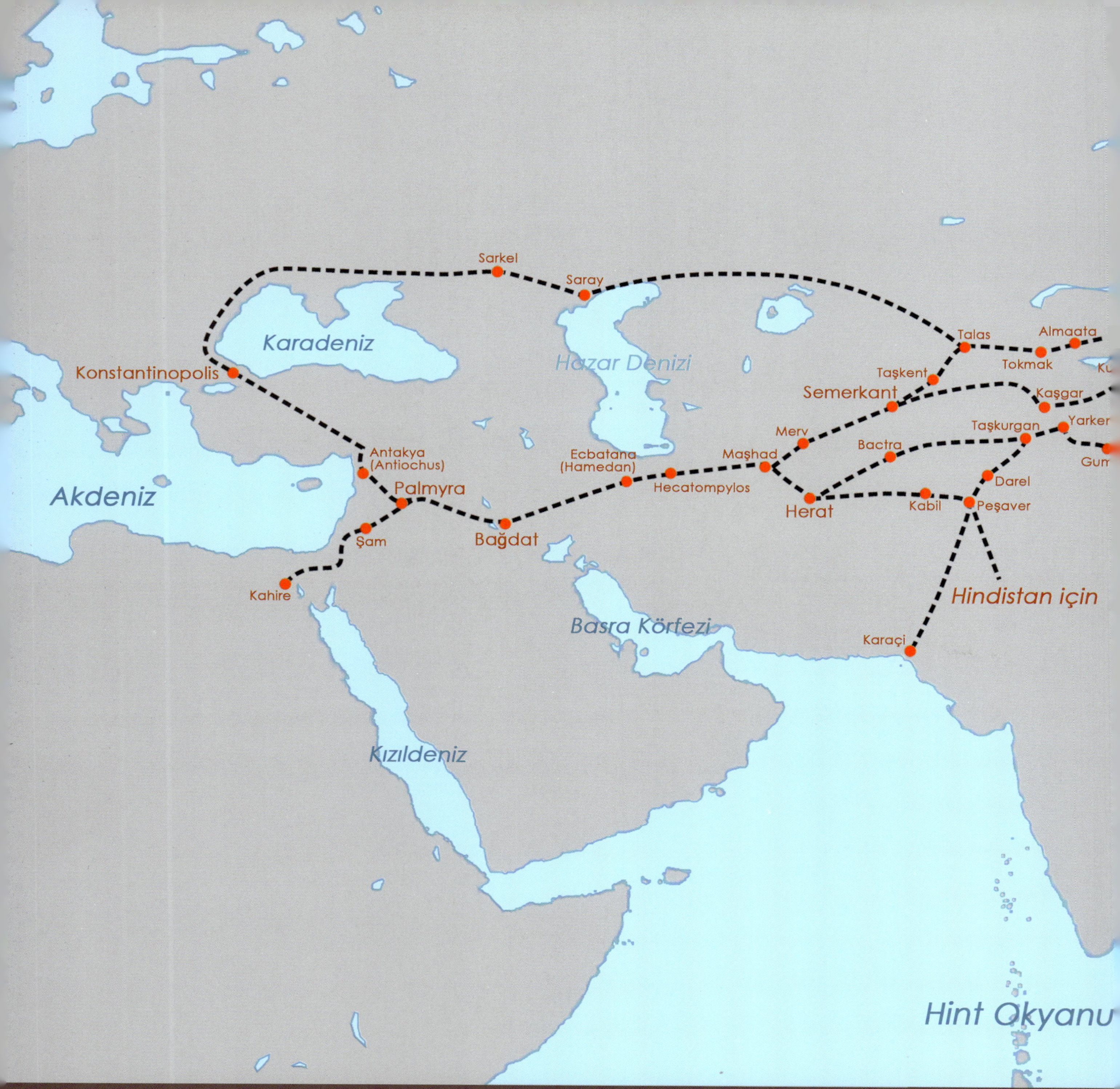

Sarkel
Saray
Karadeniz
Hazar Denizi
Konstantinopolis
Talas
Almaata
Tokmak
Taşkent
Semerkant
Kaşgar
Merv
Taşkurgan
Yarker
Antakya (Antiochus)
Ecbatana (Hamedan)
Maşhad
Bactra
Akdeniz
Palmyra
Hecatompylos
Darel
Herat
Kabil
Peşaver
Şam
Bağdat
Kahire
Hindistan için
Basra Körfezi
Karaçi
Kızıldeniz
Hint Okyanu

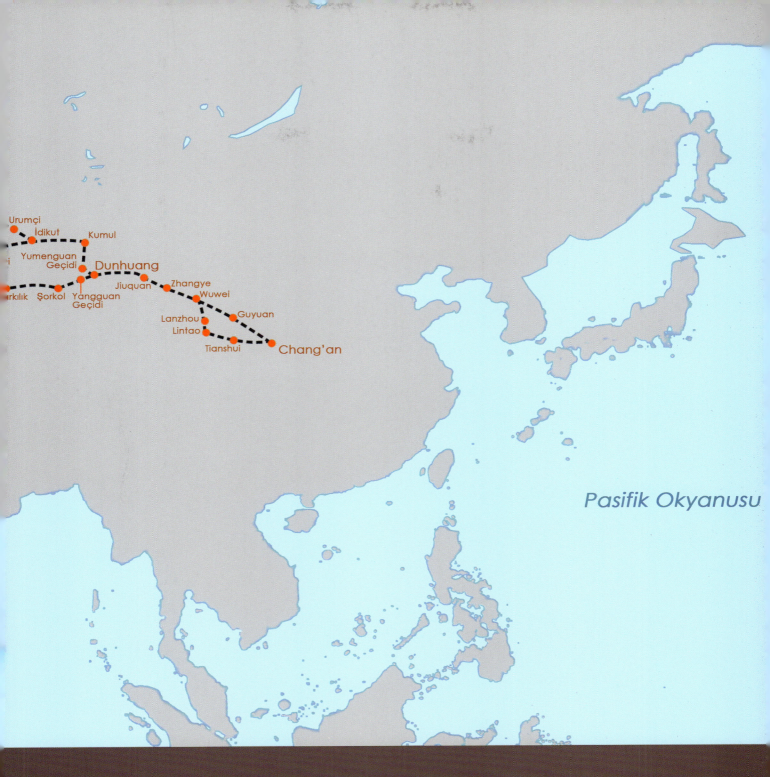

Urumçi
İdikut
Kumul
Yumenguan
Geçidi
Dunhuang
Jiuquan
Zhangye
Wuwei
Guyuan
Lanzhou
Tianshui
Chang'an
rkılık
Şorkol
Yangguan
Geçidi
Lintao

Pasifik Okyanusu

丝绸之路干道示意图（公元前206-公元907年）
İPEK YOLU GÜZERGÂHININ KROKİ HARİTASI (M.Ö 206- M.S 907)
DIAGRAM OF MAIN LINE OF THE SILK ROAD (206BC-907AD)

# A 中国历史年代简表
## BRIEF CHINESE CHRONOLOGY

| 中国历史 | 年 代 |
|---|---|
| 旧石器时代 | 距今100万年以上—距今约12000年 |
| 新石器时代 | 距今约12000年—距今约4000年 |
| 夏 | 约公元前2070年—约前1600年 |
| 商 | 约公元前1600年—前1046年 |
| 西周 | 公元前1046年—前771年 |
| 春秋战国 | 公元前770年—前221年 |
| 秦 | 公元前221年—前207年 |
| 汉 | 公元前206年—公元220年 |
| 三国/两晋/南北朝 | 220年—589年 |
| 隋 | 581年—618年 |
| 唐 | 618年—907年 |
| 五代十国 | 907年—960年 |
| 宋/辽/金 | 960年—1279年 |
| 元 | 1271年—1368年 |
| 明 | 1368年—1644年 |
| 清 | 1644年—1911年 |
| 中华民国 | 1912年—1949年 |
| 中华人民共和国 | 1949年至今 |

# ÇİN TARİHİ KRONOLOJİSİ

| Çin Tarihi | Yıl |
|---|---|
| Eski Taş Çağı | Günümüzden yaklaşık 2 milyon yıl önce başlamış ve 10.000 yıl önce son bulmuştur |
| Yeni Taş Çağı | Günümüzden yaklaşık 12 bin yıl önce başlamış ve 4 bin yıl önce son bulmuştur |
| Xia | Yaklaşık M.Ö 2070-yaklaşık M:Ö 1600 |
| Shang | Yaklaşık M.Ö 1600-M.Ö 1046 |
| Batı Zhou | M.Ö 1046-M.Ö 771 |
| İlkbahar ve Sonbahar Dönemi; Savaşan Devletler Dönemi | M.Ö 770-M.Ö 221 |
| Qin | M.Ö 221-M.Ö 207 |
| Han | M.Ö 206-M.S 220 |
| Üç Devlet/Doğu Jin ve Batı Jin/Güney ve Kuzey Hanedanları | 220- 589 |
| Sui | 581-618 |
| Tang | 618-907 |
| 5 Hanedan 10 Krallık | 907-960 |
| Song/Liao/Jin | 960-1279 |
| Yuan | 1271-1368 |
| Ming | 1368-1644 |
| Qing | 1644-1911 |
| Çin Cumhuriyeti | 1912-1949 |
| Çin Halk Cumhuriyeti | 1949 yılından bugüne kadar |

责任编辑　张征雁

责任印制　张　丽

装帧设计　雁　翎

**图书在版编目（CIP）数据**

华夏瑰宝展／中国文物交流中心编.—北京：文
物出版社，2012.10
ISBN 978-7-5010-3565-6

Ⅰ.①华…　Ⅱ.①中…　Ⅲ.①文物－中国－古代－图
录　Ⅳ.①K870.2

中国版本图书馆CIP数据核字（2012）第227278号

**华夏瑰宝展**

编　　者　中国文物交流中心

出版发行　文物出版社

地　　址　北京市东直门内北小街2号楼
邮　　编　100007
网　　址　http://www.wenwu.com
电子邮箱　E-mail：web@wenwu.com

制　　版　北京文博利奥印刷有限公司

印　　刷　文物出版社印刷厂

经　　销　新华书店

开　　本　889毫米×1194毫米　1/16

印　　张　14

版　　次　2012年10月第1版第1次印刷

书　　号　ISBN 978-7-5010-3565-6

定　　价　280.00元